校园辅导员宝典

精华版

主编：金文　副主编：史鑫成

四川出版集团　四川文艺出版社

图书在版编目（CIP）数据

校园辅导员宝典/金文著. —成都：四川文艺出版社，2013.7
ISBN 978-7-5411-3719-8

Ⅰ. ①校… Ⅱ. ①金… Ⅲ. ①中国少年先锋队-辅导员-工作 Ⅳ. ①D432.51

中国版本图书馆 CIP 数据核字（2013）第 098016 号

Xiaoyuan Fudaoyuan Baodian

校园辅导员宝典

金　文　主编

史鑫成　副主编

策划组稿　朱　兰
责任编辑　朱　兰（441917894@QQ.com）
　　　　　李亚南（373143057@QQ.com）
责任校对　汪　平
责任印制　龙小龙
封面设计　毕　生
版式设计　史小燕

出版发行　四川出版集团　四川文艺出版社
社　　址　成都市槐树街 2 号
网　　址　www.scwys.com
电　　话　028-86259285（发行部）　028-86259303（编辑部）
传　　真　028-86259306

读者服务　028-86259293
邮购地址　成都槐树街 2 号四川文艺出版社邮购部　610031

印　　刷　四川五洲彩印有限责任公司
成品尺寸　210mm × 180mm　1/24
印　　张　10.25
字　　数　210 千
版　　次　2013 年 8 月第一版
印　　次　2013 年 8 月第一次印刷
书　　号　ISBN 978-7-5411-3719-8
定　　价　19.00 元

亲爱的同学们，我是你们的好朋友笑笑姐姐，大家也叫我笑笑老师。我是校园里的一名少先队辅导员，少先队辅导员是少先队员的亲密朋友和指导者，是我国未成年人思想道德建设队伍的重要组成部分，是实施素质教育的重要力量；少先队辅导员是少年儿童人生追求的引领者，是少年儿童实践体验的组织者，是少年儿童健康成长的服务者，是少年儿童合法权益的保护者，是少年儿童良好发展环境的营造者。

鲜艳的队旗、激昂的队歌、飘扬的红领巾以及天真可爱的少先队员，将少先队辅导员与红领巾的事业紧紧地联系在一起。红领巾的事业是托举未来的神圣事业，是崇高而美好的事业。与红领巾事业相伴，辅导员似一束火种，点燃少先队员的心灵之灯；似一颗石子，铺平孩子的成才之路；像一缕阳光，温暖学生的成长空间。

为贯彻《国家中长期教育改革和发展规划纲要》，把社会主义核心价值体系融入中小学教育全过程，教育部就中小学少先队活动有关工作发出通知，明确少先队活动为小学一年级至初中二年级的必修活动课，每周至少安排1课时。同时要求各地做好少先队辅导员的选拔、聘任、培训等工作。少先队面向的是6岁到14岁的少年儿童，辅导员的工作必须符合这一阶段少年儿童的年龄特点，践行道德认知与道德实践并重的原则，引导少年儿童在学校生活、家庭生活、社会生活和大自然的实践中感悟做人做事的道理，逐步养成良好的行为习惯。为了深入学习宣传贯彻党的十八大精神，紧紧围绕少先队组织的根本任务，把握组织属性，广泛开展适合少年儿童特点的“三观”、“三热爱”主题教育活动，扎实推进少先队学科建设、活动课程建设和辅导员专业化职业化建设，推动少先队事业取得新发展，共青团四川省委、四川省少工委组织编撰了《校园辅导员宝典》一书。

目前，全社会都非常关心和重视未成年人的思想道德建设，新的历史条件下，少先队工作的目标更加明确，少先队事业天地更加广阔，少先队辅导员的工作更受重视。同时，少先队工作也面临着诸多新问题、新情况、新机遇和新挑战。不少辅导员老师和少先队小干部反映，手头使用的少先队资料少，而且内容比较陈旧，需要一本既能适应新时期、新情况，又有指导性、专业性的实用宝典来指导工作。

《校园辅导员宝典》正是为了满足少先队辅导员、少先队工作者和少先队小干部的需求而推出的一本实用类图书。笑笑姐姐近几年多次参加全国少工委和四川省少先队组织的相关活动，从一线少先队辅导员中搜集整理了一些思想观点正确、内容具体翔实、设计新颖独特、结构灵巧别致、语言优美流畅的少先队队课教材和论文，参考了国内少先队工作理论研究方面的新成果、新观点，并将这些更实用、更鲜活的内容收录进本书，更好地满足师生们的需要。本书不是长篇大论地介绍少先队工作理论，而是根据青少年读者的心理特点，以极具亲和力的语言，向大家介绍可操作性较强的知识，并提供许多优秀的典型范例和辅导员手记，这对于辅导员老师、少先队工作者和少先队小干部们来说非常实用。

《校园辅导员宝典》紧紧围绕新的历史条件下少先队组织的根本任务，牢牢把握少先队组织的属性，履行团结、教育、引导少年儿童的基本职能，不断提高少先队工作的专业性、科学性和时代感。力求能让少先队辅导员创造性地开展教育工作，引导少年儿童逐步树立正确的世界观、人生观、价值观，永远热爱我们伟大的祖国，永远热爱我们伟大的人民，永远热爱我们伟大的中华民族。本书力争从少年儿童和少先队组织中、从社会生活中，寻找时代感更强的事例、更生动的儿童语言、更活泼的教育引导方法、更鲜活的时尚元素，推动少先队思想教育引导工作不断深入，落实好新的历史条件下少先队组织的根本任务。

《校园辅导员宝典》注重党、团、队组织意识和教育内容的衔接，灌输培养少年儿童对党和社会主义祖国的朴素感情，力争做到内容新颖，知识丰富、分类科学，专业精准。在新的历史条件下，积极倡导少年儿童养成良好的道德行为习惯，增强国家意识、科学意识、劳动意识、审美意识；引导少先队员锻炼强健的体魄，培养良好的心理素质，促进学生德、智、体、美全面发展。笑笑姐姐真诚希望这本书能成为辅导员老师、少先队工作者和少先队员的好帮手！

目　录

第一章　亲近少先队队员

第二章　培养少先队队员

第三章　建设少先队队伍

第四章　管理少先队队伍

第五章　丰富少先队文化

第六章　形成教育合力

第一章 亲近少先队队员

认识少先队员，这只是辅导员经营少先队组织的第一步。要真正做到把中队乃至大队管理好，辅导员必须做好第二步：走到孩子们中间去，去发现他们的长处，去赞美他们的进步，去了解和宽容他们的过失，去观察他们的心理变化，去倾听他们的声音。只有走进孩子的心灵，“爱儿童”这三个字才会变得真实而美丽。

“疼爱自己的孩子是本能，而热爱别人的孩子是神圣！”因为辅导员对少先队员的爱在性质上是一种只讲付出不计回报的、无私的、广泛的且没有血缘关系的爱，在原则上是一种严慈相济的爱。这种爱是神圣的。这种爱是辅导员教育队员的感情基础，队员一旦体会到这种感情，就会“亲其师”，从而“信其道”，也正是在这个过程中，教育实现了其根本的功能。

教与学互为关联，互为依存，即所谓“教学相长”，“弟子不必不如师，师不必贤于弟子”。一名优秀的辅导员会平等地对待每一位学生，信任他们，尊重他们，视他们为自己的朋友和共同探求真理的伙伴。要尊重少年儿童，维护他们的自尊心，使他们自尊自爱、自立自强。生硬的说教非但不足以使孩子改善行为，相反，它可能将孩子抛进黑暗的深渊。

《中共中央、国务院关于进一步加强和改进未成年人思想道德建设的若干意见》明确提出了“坚持贴近实际、贴近生活、贴近未成年人的原则”。三贴近原则的提出，明确指出了少先队活动要适应少年儿童身心发展的特点和知识、能力水平，符合他们的兴趣爱好，要做到从少年儿童思想、生活实际出发。其实质就是要求我们以儿童为本，亲近少先队员。作为辅导员，对少先队员的爱首先要尊重少年儿童，尊重他们的人格和个性，与他们平等相处，用自己的信任与关切激发他们的求知欲与创造欲。少先队工作的原则之一是充分尊重儿童的主体地位，在现实教育过程中，更应该注重落实这一原则。

第一节 在情感上充分融合

要想让你的队员亲近你，辅导员首先必须在情感上拉近师生的心灵距离，在情感上充分融合。也许你的一丝不经意的微笑及期待的目光，都能引起学生情感上的共鸣，让他们因此靠近你、依恋你。

作为一名辅导员，不仅要做学生的知心朋友，更要肩负传道、授业、解惑的重任。所以，你如果具有侃侃而谈的语言艺术、清晰周密的逻辑思维、沉着冷静的处事风范，则可以令学生敬慕；如果你时刻注意倾听孩子们的心声，帮助他们共同开创学习的“天空”，成为他们仰慕的“榜样”、知心的朋友、信赖的导师，和孩子们一道为了同一件事一起挥洒汗水、一起凝结智慧、一起欢欣鼓舞，少先队员们一定能亲近你，信任你！

一、关注队员的心理变化和发展

随着社会的发展，少年儿童的群体特征正在发生重大变化，这种变化要求少先队工作必须在教育的内容和形式等诸多方面进行创新和改革，更加具有主动性、针对性和时效性。

作为社会经济飞速发展背景下成长起来的新生代，当代少年儿童突出的群体特征，概括起来有三个特点：一是思维活跃、视野开阔。他们知识面广、兴趣广泛，对新的事物感兴趣，渴望了解社会，积极参与社会生活。二是崇尚自我，追求个性。他们追求个人的发展和独特性，认同现代意义上的“自我”；他们渴望自立，但自理能力却更多地停留在心理层面，实际能力不足；他们推崇权利、义务、契约、竞争、效率、法律等现代社会观念，对传统道德和价值的认同不够。三是生活优越，压力较大。他们成长在改革开放时期，生活条件和父辈相比更加优越，但同时承载着家庭、社会对他们的巨大期望，生存发展压力加大。同时，随着我国社会经济的不断发展，一些新的少年儿童群体正在形成，比较集中地表现在留守少年儿童群体、进城务工农民工子女群体、流浪少年儿童群体等，他们和其他的少年儿童群体相比处于弱势，更需要关怀和帮助。

当前，社会的发展对少年儿童整体素质的提高带来了许多机遇，这有利于竞争意识的培养，有利于人生价值观的确立，有利于独立生活能力的培养。但是，对教育也带来了新的挑战和不利因素，在少年儿童中出现了一些不良的现象：

1. 心中无他人。当代少年儿童的家庭逐渐趋于“6+1=7结构”，独生子女的地位使他们从小过着饭来张口，衣来伸手的生活。他们的心中没有他人，只有自己。从小只有索取而无奉献。例如，一个炎热的夏日，一位同事到朋友家小坐，在热、渴难耐之际，同事顺手将朋友儿子喝剩的大半瓶饮料全部喝掉。谁知这下闯了大祸，朋友6岁的儿子先是一句：“坏蛋爸爸，把我的水全喝没了！”继而躺倒在地，哭闹打滚，尽管父母表示马上下楼给他买饮料，但孩子仍然不依不饶，令同事十分尴尬。

2. 缺乏责任意识。现在的孩子都是独生子女，他们没有“负责”的机会和意识，而他们的父母又将过多的希望寄托在他们身上，只要求他们“两耳不闻窗外事，一心只读圣贤书”。这些孩子不了解社会，不接触群众，对社会缺乏强烈的责任感，不懂得生活的艰难，没有艰苦奋斗的思想准备，这是当代少年儿童的最大弱点。

3. 合作意识淡薄。不少学生重自我、轻集体。学习成绩好的同学，往往不肯帮助成绩差的同学，认为别人成绩好了，不仅对自己没有好处，相反还会给自己带来威胁。

4. 勤俭习惯缺乏。市场经济以物质为中心，有许多家长对孩子往往以物质来进行刺激，只要孩子做一件事，便给他一些物质激励，这就滋生了孩子没有实惠不劳动的错误思想。特别在社会上高消费的影响下，难以培养孩子勤俭节约的思想。

少年儿童这些群体特征的变化，要求少先队必须在组织形式、活动内容和教育手段上不断创新，针对少年儿童的新特点、新变化、新需求，做好组织、引导、服务和维护合法权益的工作。少先队工作只有多倾听少年儿童的心声，多关注他们的心理状况，多服务于少年儿童人际交往、社会生活、自我发展的需求，特别是加大对少年儿童弱势群体的服务力度，才能有效地凝聚他们、影响他们、教育他们。

二、倾听少先队员的声音

少先队工作应该注重时刻倾听孩子的声音。倾听孩子的声音就是充分尊重少年儿童的主体地位，充分发挥少年儿童的主体作用。辅导员要充分尊重少年儿童的独立人格，从少年儿童的自身需求出发，对少年儿童多理解、多关心、多帮助、多维护，不仅仅把少年儿童当成教育和管理的对象，而且既教育人，又服务人，尊重少年儿童的年龄特点，适应少年儿童的接受能力，因势利导，循循善诱。

在有些辅导员眼中，孩子不过是个不谙世事的顽童，除了吃喝玩乐、背包上学外，没有成人睿智的思维和准确的判断能力，从而忽略了队员的言行举止，轻视了他们的声音。尤其在公众场合，比如主题队会和一些公开课上，有些辅导员唯恐自己的队员说出不合适宜的话而令其尴尬，常用所谓师长的威严加以制止和干涉。相信有不少辅导员曾冲孩子施过这样的“威”。

殊不知，正是这些令大人们不以为然的纯真童音，却往往能给人带来许多意想不到的收效。2004年举世闻名的印度洋大海啸带来了空前的灾难，22万条鲜活的生命顷刻间化为乌有。有文章说，就在海啸发生的前一天，英国一位名叫蒂莉·史密斯的10岁小女孩，在麦考海滩玩沙子时，发现一个奇怪的现象：海面上出现了不少的气泡，潮水也突然退了下去。这时，她想起了老师在课堂上教过的海啸知识：一旦遇上这种迹象，说明要有海啸发生。蒂莉立即告诉了母亲，蒂莉的母亲聪颖而理性，当她听完孩子的叙述后，立即和麦考海滩饭店的工作人员火速把海边100多名游客撤离到安全地区。就在游客离开海滩不到几分钟，十几米高的海浪突然朝岸边袭来。万幸的是，因为有了蒂莉，麦考海滩成为这场海啸中少数几个没有人员伤亡的海滩。

一场无法由科学仪器预报的惊天大难，竟然被一个10岁的孩子最先察觉到了，孩子救了100多条生命！获救的人们在深深感激这位救命小天使的同时，也将感恩的目光投向了这位机智果断的母亲。孩子的眼睛是雪亮的，孩子的声音是真切的，接下来就要看孩子的监护人是不是独具慧眼，尊重孩子的发言，倾听孩子的心声。显然，蒂莉的母亲做到了这一点，她或许不懂得海啸发生前的预兆知识，但她相信孩子的判断，尊重孩子所提供的信息，并积极采取有效的措施，让100多名命悬一线的游客火速撤离危险地带。从这个意义上说，是孩子和她的母亲共同完成了这一壮举，母亲在这件事中起到了举足轻重的作用。

我们不敢想象，假如蒂莉的母亲当时只将孩子的呼声当作耳边风，全然不予理睬，或厉声呵斥她的胡言乱语，其后果又如何呢？几年前，重庆的一位小学生在游览綦江彩虹桥后，写了一篇作文，文中说道：桥上都是裂痕，车子经过的时候，整座桥在摇晃，我觉得这座桥似乎马上要塌了……孩子的妈妈看后批评了孩子："这大桥是城市的骄傲，你怎么这么写呢？"但果然不久，彩虹桥整体垮塌，40人遇难！忽视孩子的所见，屏蔽孩子的声音，最终会遭受现实带来的灾难。如果重庆孩子的妈妈也像蒂莉的母亲那样倾听孩子的声音，及时将这一情况反映给相关的部门，那么后果可能会是另一番景象吧？

美国在教育孩子的问题上，注重和培养孩子自由发言的能力。该国有一个名叫“我和总统约会1分钟”的专题节目，主角“我”就是少年儿童，其中最小的只有5岁。电视上这些小家伙个个口若悬河，从大到国家总统的品质、能力，小到自己身边的困难、问题，他们想说什么就说什么，口无遮拦。美国的新闻媒体就是看中了童言无忌，唯孩子最能讲真话这一点，借孩子之口来实现自己讲真话的目的。他们通过这一看似搞笑的节目，实则在传递一个信息：国民需要的是什么样的总统。

谁说童声无用？美国的电视媒体将这天真无邪的童声推上了政治舞台，整个国民教育对童声的重视程度由此可见一斑。而我们的父母是否也给孩子一方充分施展口才的天地，以使他们感到自己的声音得到了他人的足够重视，从而变得更加自信、善于辞令呢？作为一名有心的辅导员，我们平时千方百计地寻求创新教育的方法，然而面对教育的绝好时机，却又一次次地将之错失，呈现在孩子面前的依然是一味的埋怨、呵责、施压、忽视和冷漠。却不想，事实非但不朝我们所期望的方向发展，反而严重地压抑了孩子的个性，甚至会造成孩子语言和交流的障碍。

我国著名教育学家卢勤教授说：“倾听，是一门艺术，一门学问。只有能专心倾听孩子声音的人，才能平等地对待一切人。”的确，辅导员是孩子人生重要的导师，如果想让队员更加信赖你，建立更加团结的班队组织，有效地开展少先队活动，那么，就请从倾听孩子的声音开始吧！

三、关注队员成长

苏联著名教育家苏霍姆林斯基在致未来的教师的建议中提道：“未来的教师，我亲爱的朋友！在我们的工作中，最重要的是要把我们的学生看成活生生的人。学习——并不是把知识从教室里转移到学生的头脑中，而首先是教师跟儿童之间活生生的人的相互尊重关系。”把学生当成活生生的人，其实就是要关注孩子成长本身，这也说明了我们少先队的工作应该符合教育规律，辅导员的教育方法应该遵循儿童成长的规律。少先队除了活动本身以外，更关注的是儿童的成长。

少先队的根本任务指出，要引导少年儿童有爱心、养成良好的道德行为习惯，增强国家意识、科学意识、劳动意识、审美意识；特别重要的是要注重党、团、队组织意识和教育内容的衔接，灌输培养少年儿童对党和社会主义祖国的朴素感情。根本任务的提出，实际上分成两个层次：素质培养和思想培养。劳动意识、科学意识、审美意识等是培养少年儿童的素质，而灌输培养少年儿童对党和社会主义祖国的朴素感情是思想培养。

1. 关注队员的人际关系。儿童的个性品质与人际关系的联系十分紧密。一位教育专家说："只有人品才能塑造人品。"学生的个性和心理品质往往是与人进行交往的过程中形成的。少先队是少年儿童的组织，少先队员的工作、生活大多以集体生活的形式出现，因此，辅导员应该努力为孩子良好个性及心理品质的形成营造适宜的人际环境。

辅导员应该帮助少先队员建立良好的师生关系。我国的中小学少先队组织，尤其是中队，是以班级为单位，中队辅导员同时也是班主任。少先队员对于辅导员具有极大的信任感和依赖感，辅导员在孩子心里有着绝对的权威。正如一位辅导员所言："如果你真诚地爱你的学生，从心眼儿里欣赏你的学生，你会不断地发现学生身上可爱的火花。"发现学生身上的闪光点越多，对少先队员的爱就越深，能够把他们教育好的信心就越强，教育的方法也就更加灵活，辅导员与少先队员之间的关系也就更加和谐与亲密。

2. 关注队员学习、生活的困难。辅导员应以组织、教育和管理学生为己任。少先队的大队、中队要组织各种各样的少先队活动。因此，辅导员要对队员多留意、多观察、多关心、多鼓励，努力沟通师生情感，搭起相互信任的桥梁，建立起和谐平等、融洽纯真的师生关系。

在关于国外教育的报道中曾经提到这样一个现象：在学校礼仪队伍中，常出现少年儿童高矮不均、胖瘦不匀的现象。向老师咨询后才知道，原来，教师是为了鼓励所有的孩子参加集体活动，在集体活动中培养学生的自信心。这是国内外教育观念的差异：善于尊重学生，让所有的学生都有公平竞争和参与的机会，给予不同的学生不同的锻炼机会，哪怕是在某些方面暂时后进的学生。辅导员要善于发现，掌握队员的身体和心理状况。队员面临的困难有很多种，有学习困难的、有身体残疾的、有心理困惑的，作为辅导员，应该仔细观察，细心了解和分析情况，仔细研究孩子们的心理障碍、思想负担和精神压力，耐心热情地为他们排忧解难，想他们之所想，急他们之所急，让他们觉得自己的荣辱牵动着辅导员的心。辅导员也要向他们无私地奉献出真挚的爱，从他们的一言一行中发现闪光点，挖掘他们内在的潜力，鼓励他们培养乐观的生活态度，帮助他们树立目标，激发他们学习的兴趣，发现他们身上的不良习惯和不良行为，要找准切合点，正面启发诱导，耐心说服教育。

辅导员要对所在中队或学校中的特殊队员学习的目的、态度、兴趣、爱好、志向、心理变化和生理特点、家庭环境、生活环境以及行为品德等方面作全面调查、深入研究，随时比较和修正教育方式，让队员在辅导员的熏陶下克制约束不良心态的滋生发展，用教师高尚的情操、闪光的智慧来塑造学生美好纯洁的心灵，使他们领悟到身边的队员、老师都对"我"的进步寄予了很大的希望，在良好的学习氛围中使他们转变思想，鼓足勇气，直面现实，积极向上，鼓励他们从身边的小事做起，一步一步地培养他们乐观向上的生活态度，让教师的情感融入他们的心田，并能扎根、发芽、开花和结果。

3. 关注队员成长的烦恼。儿童的身心发展一般可以分为乳儿期（初生至1周岁）、婴儿期（1周岁至3周岁）、幼儿期（又称学前期，3至6岁）、童年期（又称学龄初期，从6、7岁至11、12岁）、少年期（又称学龄中期，从11、12岁至14、15岁）、青年初期（又称学龄晚期，从14、15岁至17、18岁）。

少先队员的年龄从6岁到14岁，涵盖了从学龄初期到学龄中期。儿童的心理发展是一个错综复杂的过程。儿童在成长的过程中，身心的发展是从量变到质变的过程。量变的过程表明身心发展的连续性，从量变发展到一定阶段引起质的变化，则标志着身心发展的阶段性。有人认为，三年级是品德发展的关键年龄，四年级是思维发展的关键年龄，在教育工作中，一定不要忽视儿童的年龄特点，搞高低年级“一刀切”。

小学生在品德发展上，言与行、认识与行为脱节的情况是普遍的，这也体现出少年儿童成长的烦恼。辅导员如果采用简单的教育方法，如抽象地讲道理或埋怨、惩罚的办法，常常是无济于事的。而应正确了解队员的内心情况，针对实际情况积极地引导队员个性品质的发展。特别要注意逐步培养儿童的好习惯，习惯是在生活的过程和教育过程中形成与培养起来的，对于学生已经养成的坏习惯，也不轻易说“无可救药”等泄气话，而是要鼓励他们用良好的行为习惯去代替它。

少年儿童思想品德的形成，是由客观矛盾所引起的思想感情上的内部矛盾运动的结果。一个后进队员进步了，说明在他的头脑里先进的思想感情逐步战胜了落后的思想意识。所以，孩子在成长的过程中有反复是非常正常的。有经验的辅导员，常常细心观察和分析少先队员思想感情上的内部矛盾，分析其矛盾的主要方面，掌握矛盾转化的有利条件，启发少先队员自觉地开展积极的思想斗争，促进思想感情上的矛盾转化，引导少年儿童不断进步。这就要求辅导员在教育中要热情、诚恳、耐心，始终做到晓之以理，动之以情，导之以行，持之以恒，这也是思想政治教育的规律之一。

1. 辅导员在工作中如何充分尊重儿童的主体地位？

2. “倾听，是一门艺术，一门学问。只有能专心倾听孩子声音的人，才能平等地对待一切人”。辅导员在工作中如何倾听少先队员的心声？

爱心真情的浇灌　青春无悔的选择

文/ 李莎

作为一名小学大队辅导员，我负责全校的少先队工作。在学校，辅导员是一个不可忽略的角色，更是有着不可或缺的地位。为了使自己的工作更有起色，我一方面找来《少先队基础理论》《少先队工作方法论》等教育刊物仔细阅读，并主动参加各种辅导员培训，如饥似渴地学习少先队教育的基本理论；另一方面广泛结交优秀辅导员，虚心学习他人的经验，并在实践中狠抓常规工作、主题教育活动这两条主线，组织开展了丰富多彩的少先队活动，让少年儿童在活动中体验，在活动中感悟，在活动中成长。虽说工作又苦又累，但它却让我享受到更多的喜悦与骄傲。

一、爱心与真情的浇灌

自踏上工作岗位的那天起，我便以满腔的热情投入到辅导员的工作当中去，心中始终牢记一个信念：用我的真心去关爱学生，用我的真爱去温暖学生，用我的真诚去感动学生。孩子的内心世界是丰富多彩的，辅导员要像显微镜一样，敏锐地观察，缜密地分析，从队员细微的心理变化和行为轨迹出发，有针对性地开展工作。在看似平凡的岗位上，我积累了较丰富的工作经验。我以辅导员特有的敏锐和细致，针对孩子们点点滴滴小事塑造他们的心灵，培养他们的品质，用行动去感化孩子们。

二、为人师表做孩子的表率

古人云：“师者传道授业解惑也。”教师的职责不仅是教书，更重要的是要教会学生怎样做人。要教会学生如何做人，少先队辅导员起着重要的作用。首先教师要为人正直，作风正派，具有良好的品德修养。因此，我很注意提高自身修养，处处以身作则做学生榜样，要求学生做到自己就要先做到。例如：我要求学生按时到校不迟到，我就要求自己每天尽早到校。为了培养学生不乱扔垃圾的好习惯，除了开展有关队会活动之外，我只要见到纸屑就随手捡起。学生劳动时我跟着一起劳动，体会在劳动中的快乐。用我认真、严谨的工作作风去影响这群可爱的孩子们。

其次，我在日常工作中，认真向周围的优秀老师学习，注意从他们的言行中吸取成长养料。我注意平常一言一行，并经常和中队辅导员交流，从而改正不足发挥优势，在少先队工作中我注意做到"严于律己宽以待人"，用言行来提高引领队员成长。

三、不断学习，实践探索

作为一位少先队大队辅导员，我进入角色，兢兢业业、一丝不苟，并且创造性地开展工作活动。只有开展丰富多彩，集教育性、趣味性于一体的活动，才能使少先队组织充满活力。我根据学校实际、学生特点，结合时代要求设计、组织全校少先队员开展了丰富多彩的活动。在辅导员工作中，我不断更新知识结构，自觉学习少先队工作新研究理论，探索少先队工作新方法，不断提高自身素质水平，边学习边实践，努力探索一条符合学校实际情况的少先队工作新路子，为少先队工作开拓一片广阔天地。

四、用心育桃李，无悔献青春

我的理想是做一名光荣的人民教师，我热爱教育事业，热爱少年儿童，更热爱少先队工作。既然选择做教师，选择了做一名普通辅导员，那就应该自觉奉献。几年来，我以积极的工作态度和无私奉献的精神，赢得了组织信任、同志们尊重和全体队员爱戴，奉献在岗位，无悔献青春。

总之，少先队辅导员工作，担负着塑造少年儿童灵魂的重任，寄托着家庭和社会的厚望，承载着美好而光明的梦想。身为一名辅导员，我自豪；献身少先队辅导员工作，我无怨无悔。在今后工作中，我将继续发扬勤学进取、开拓创新的精神，以更科学有效的方法，去创造性地开展工作。

第二节 成为少先队员的榜样

一、少年儿童与辅导员交往的心理特点

少年儿童与教师交往的主要心理特征是高度信赖各科教师。学生进入小学，加入少先队以后，便在辅导员的指导下开始进行有目的、有计划、有组织的生活和学习。从此，孩子就把对父母、对幼儿园老师的信任、依赖关系转移到了教师身上。

1. 对辅导员教师的依赖性强。在小学阶段，师生关系是一种依从关系，小学生在情感上和行为上很大程度地依赖老师，孩子们往往认为“老师说的什么都对”。小学一二年级的学生对老师的依赖性更强，他们崇拜老师、信任老师，对老师的话绝对服从。随着年龄的增长和小学生自我意识的发展，小学生的独立性逐渐增强，对老师的依赖也逐渐减少。小学高年级学生由于出现了自主倾向，所以对老师的依附有所减弱。但在整个小学时期，教师的权威性和主导性是中学和大学时期所无法比拟的。

少年儿童的行为逻辑是“感情、信任和友谊”。在幼儿阶段，父母对孩子的影响是第一位的，但到了学龄期，教师、同伴的影响逐渐超过了父母的影响。这个时候，其行为方式和价值判断更多地受师长和同伴的影响。因此，辅导员要充分利用少年儿童这一心理特征和行为逻辑，对孩子们进行正面的引导，建立良好的师生关系。在小学阶段，师生关系是学校中一种最基本的人际关系，它是在小学生和老师的交往中形成和发展的，它对小学生有着重要的影响。

古希腊有这样一个神话：一个叫皮格马利翁的国王，在请人雕塑一座少

女石像时，对这座石像一见钟情，于是天天守候在石像旁，最后，这座少女石雕像深受感动，变成了活人，并与他结为伉俪。现在，教育界把教师的期望对学生行为产生明显影响的这一现象称为“皮格马利翁效应”，又称“罗森塔尔效应”。教师的期望对小学生的学习态度和学习成绩有着直接的影响。许多小学生对喜欢的老师所教的功课就愿意去学，成绩也好；对不喜欢的老师所教的学科就不愿学习，成绩就差。小学生把对教师的情感渗透到他所教的学科中去，因此师生关系会对小学生学习成绩有显著影响。同样的道理，辅导员对队员的期望越高，关系越密切，队员对辅导员的信赖度越高，教育的效果就越好。有项调查表明：某小学一个班的学生都喜欢他们的语文老师，师生关系极好，结果这位老师在该班任教后的一学期中，学生的语文成绩平均提高了9.1分。

2. 师生关系比较简单。小学的师生关系是从属式的，老师说了算，学生要无条件地服从老师。这种师生关系比较简单，小学生和老师的关系很单纯，小学生事事依赖老师。

可小学生接近老师也带有强烈的感情色彩，对喜欢的老师就接近，对于厌恶的老师便疏远。这种特殊的心理往往会影响孩子的进步，甚至会影响到小学生人格的形成。民主和谐的师生关系，有助于小学生形成情绪稳定、自信心强和乐观外向等优良的人格特征；相反，紧张冷漠的师生关系，会导致小学生形成焦虑、偏执和缺乏自信心等不良的人格特征。因此，少先队辅导员只有在了解师生关系的特点和类型的基础上，才能采取有效的措施改善师生关系，帮助少年儿童健康成长。

3. 教育态度直接影响教育效果。小学的师生关系，大致可以分为下列三种类型：

（1）亲密型：这种类型的师生关系，表现为小学生尊重和信任老师；师生间相互理解，情感融洽、和谐；在课堂教学或教育活动中，师生都能密切合作；学生能主动和老师交往。

（2）紧张型：这种类型的师生关系，表现为小学生畏惧、不喜欢老师；

师生间疏远，有对立情绪；在课堂教学或教育活动中，师生不配合，学生表面服从，但内心反抗；小学生和教师的交往少，容易发生冲突。

（3）冷漠型：这种类型的师生关系，表现为小学生既不害怕老师也不喜欢老师；师生间的情感冷漠；在课堂教学或教育活动中，师生不合作，也不对抗，各行其是；和教师的交往较少，矛盾也较少。由此可见，教师以积极的态度教育学生比消极地教育学生的效果要好得多。如果一个学生受到教师较高的评价，那么他的成绩会明显高于那些被教师过低评价的学生。因为当教师对学生有高期望时，他们就会表现出积极的情绪；教师对学生提问和关照越多，这就会使学生增强自信心，加倍努力学习，自然会提高学习成绩。在教育的过程中，教师应善于向学生表达自己真挚的情感，尤其对后进生更应满腔热忱，积极鼓励他们努力学习。

4. 心理发展呈动态变化。低年级的学生有“我”的意识，但表现得不够明显，更谈不上强烈，而且自我评价笼统，不能一分为二。他们看别人清楚，看自己模糊，喜欢告状，喜欢模仿老师和有威信的小伙伴的言行。到了高年级，小学生具有了一种较为强烈的被承认的欲望，这表明他们的自我意识开始觉醒并逐渐明朗起来。这时，小学生思维的独立性和批判性不断增强，他们对教师的盲目崇拜已经消除和减弱。在言行中，他们希望摆脱成人的监护，要求别人把自己当成成人看待。他们有独立的见解，不再盲目参加集体活动，而是从对同伴的盲从和模仿逐渐走向了创造和探索。

当前，由于各种价值观念及其文化意识形态相互碰撞、排斥和融合，在这个背景下，少先队组织教育的实效出现令人堪忧的状况。

镜头一：早上升旗仪式，学校特意组织了“为希望工程捐款”的献爱心活动，在激昂的乐曲声中，每个中队都派代表将全中队的捐款投入箱中。这时，两个队员低声交谈:“该不是学校建新校区没钱了吧，哼，要用我们的钱！”

镜头二：六年级少先队员即将毕业，一本本精美的纪念册记录着同学们的美好回忆，但是，在这些纪念册里，除了常见的祝福语之外，一些同学竟然写下“早生贵子”这样的留言。

小学生们脑中涌现出许多与他们年龄看起来不和谐的冲突与碰撞，小学生价值观的混乱使“学会选择”、“学会判断”显得十分重要。21世纪少先队教育要培养少年儿童的道德判断能力、道德情感，教会学生自主自律，教会学生学会判断、选择，勇于承担责任。因此，针对小学高段和初中阶段的少先队员，在教育方式上，要多采用辨析明理，分析对比、价值澄清等方式。

二、做队员心中的品德模范

苏联伟大的文学家高尔基说：“爱孩子这是母鸡也会的事，关键是如何教育子女的问题。”引申过来可以说：爱少先队员是辅导员分内的事情，但关键是如何教育少先队员。少先队辅导员应该多研读一些教育类的书籍，钻研教育的方法，多与少先队员沟通。但更为重要的是做好他们的榜样，要求队员做到的，自己首先做到；要求队员不做的，自己坚决不做。用自己的心灵去解读孩子的心灵，用自己的行为去影响孩子的行为，引导他们积极向上，使他们热爱生活，热爱学习，健康成长。

“榜样的力量是无穷的”，若要正人，先要正己。辅导员切记自己对队员的无声的感染作用，做到言行一致，表里如一，用自己的实际行动为少年儿童树立其眼中的、心中的、身边触手可及的模范典型。

三、做队员心中的工作模范

学生的任务是学习，那辅导员的任务就是工作。学生对待学习的态度，与辅导员对待工作的态度其实是相通的。要想给少先队员好的影响，辅导员对待工作就应该认认真真、兢兢业业，而不能草率了事，敷衍塞责。这不仅对辅导员本身的工作有利，给予队员的也是一种好的影响，辅导员也才有教育孩子的资本与底气。

四、做队员心中的学习模范

每一个辅导员都希望自己的队员能够爱读书、爱学习，养成良好的学习习惯。但是，要想让少先队员爱学习，首先辅导员自己就要爱学习，勤读书看报。少先队工作是一项创造性的劳动。从民主革命时期儿童团的光辉业绩到新中国成立以来少先队工作的基本经验，尤其是新时期少先队工作的蓬勃开展，都是我们的宝贵财富。但是，如果辅导员照搬过去的经验，模仿他人的做法，是不能从根本上做好少先队工作的。少先队工作要求辅导员具有创新精神，要求辅导员深入实际，善于调查研究，因地制宜，因时制宜、因活动制宜，这需要辅导员不断地学习，不断地总结经验。

现在，少先队活动的要求越来越高。优秀的少先队活动，要求内容越来越丰富，形式更生动，趣味性更强，主题更深刻……这对辅导员提出了较高的要求，要求辅导员具有广博的知识，敏锐的头脑和较强的组织能力。因此，学习一方面可以提高辅导员自身素质和工作水平，同时又因为学习而提高了少先队组织对少年儿童的吸引力。

五、做孩子心中的交往模范

现代社会，我们要想生存、发展，就必须与人打交道。我们每一个人，在社会里就像是大海里的一滴水。有些孩子不喜欢与人交往，不善于与人交流，总觉得自己高人一等，或低人一等，对他人或自傲或自卑。久而久之，易养成自高自大和孤僻不合群的坏习惯，甚至形成畸形人格。诸如此类的案例可以说有很多，严重者甚至发展到与社会为敌，危害他人的地步。所以，让队员愿意接触他人，融入社会，形成健全的个性，并且学会真诚地与人相处显得十分必要。而我们辅导员，首先要做出榜样。

如何与人相处，做出榜样呢？简单说来，与人相处应亲切有礼，真诚相待；设身处地，原谅宽待；内刚外柔，有灵活性；信义为重，与人为善；堂堂正正，做人处事；授恩于人，莫记于怀；遇有非礼，不妄不躁；对上对下，不卑不亢。

具体来说，辅导员和其他学科教师之间、与其他辅导员之间、与行政领导之间要团结互助，和睦相处。少先队工作涉及学校的方方面面，辅导员同学科教师、其他辅导员、行政领导都有很多工作上的联系。如果辅导员和别的教师、行政领导之间关系不融洽，斤斤计较，甚至勾心斗角，会给少先队员带来很不好的影响。无法想象一个与其他教师、行政领导关系紧张的辅导员该如何去教孩子们团结友爱、活泼开朗。所以，辅导员要成为与其他学科教师、行政领导、社区工作人员等友好相处的典范，让队员感到集体生活的温馨和幸福，这样，队员才能有一个快乐、健康的心态，也才能有一个与别人真诚相处的基础。

六、做孩子心目中的“魅力”教师

少先队工作是一项综合性很强的工作。需要辅导员具备教育学、心理学、管理学、政治学和文学艺术等方面的知识，是典型的“全能型选手”。能够“三会”：会交流、会游戏、会文艺。除此之外，还要有一定的项目策划与组织能力。辅导员要了解队员、尊重队员、信任队员，能和队员们一起唱歌、跳舞、游戏，一起参加少先队的活动，要求辅导员寓教育于活动之中，和队员们平等相处，并建立深厚的友情，具有一颗永不衰老的童心。

1. 会交流。很多优秀的辅导员都善于和孩子交流，许多“情况”、“情报”都是在和队员交流中得到的。辅导员不光要用好队会课时间，更要善于运用活动间隙、课间时间和同学们交流。辅导员与队员谈心是传统的工作方法，也是每个辅导员、特别是中队辅导员必须练就的基本功。

一要平等对待学生，不居高临下。辅导员与队员谈心一定不能摆出师长架子，不可厚此薄彼，而要一视同仁。要多与队员进行换位思考，设身处地为队员着想，这样往往会发现，站的角度不同、了解的情况不同，认识问题的方法和出发点不同，就会得出截然不同的结论。因此，只有平等地对待队员，同队员交心结友，才能真正了解其内心世界，从而及时准确地教育和引导队员。

二要讲知心话，不空洞说教。与队员谈心要讲真话、实话。每个学生都有自己的学习和生活圈子，有喜、怒、哀、乐。因此，要从队员学习和生活中的每件实实在在的小事上去理解、关心他们，与队员真心实意地沟通，这样队员才易于接受、乐于接受。

三要有耐心，不计较不抱怨。辅导员为了解决某个问题与学生谈心时，一定要有耐心，不能三言两语完事。即使谈心不顺利，产生了一些误会，甚至碰到钉子，也不要灰心，或听之任之、撒手不管，更不能计较和抱怨学生。

四要选择时机，不急于求成。对一些性格倔强或理解问题比较偏激的队员，与其谈心最好不要在其“火头上”。不必操之过急，而是采取“冷处理”的办法，等待时机成熟时再谈。如在学校不方便，也可选择家访的方式谈，场所变了，气氛变了，有利于推心置腹地交流感情，因势利导，解决问题。

五要善于倾听，不先入为主。这样做的好处很多，当某个队员在学习或生活中遇到难题或不顺心的事时，总想找信赖的人、特别是令人尊敬的辅导员老师一吐为快。如果辅导员对情况不明，又不听队员诉说，就先入为主，自以为是，说三道四，甚至捕风捉影，横加训斥，那么定会对学生有百害而无一利。

六要做好引导，不事后批评。对于队员在学习或生活中易出现的问题，通过与队员的及时交流，共同想办法，找对策解决问题，让队员积极去面对学习生活中的各种问题。

七要以德感人，不以势压人。为人师者，特别是辅导员老师，平时一定要高风亮节，为人师表，爱护和关心学生，以自己的高尚品德和实际行动去感化学生，逐步在队员的心中树立起自己的威信，赢得学生的信赖和尊重。这样在与队员谈心时，队员才会听得进。如果平时师者形象不正，谈心时还使用高压手段，就会增加学生的逆反心理，不仅使谈心一无所获，还会适得其反。

2. 会游戏。鲁迅说：“游戏是儿童的天性。”辅导员应该和队员“玩”成一片，从玩中了解队员，引导队员玩得更好、更高雅、更有意义。

辅导员会玩，这是“童心意识”的需要，不要怕别人说你是“孩子王”，其实，“孩子王”正是我们的本质所在。辅导员要和孩子们一起玩诸如放风筝、下棋、游泳、滑雪、爬山、猜谜语、丢手绢等游戏，和大家打成一片。辅导员还要会组织孩子们玩，当好孩子们玩游戏的导演和策划者。如，组织各种类型、各种规格、各种性质的夏令营、冬令营，组织各种野外军事活动、野炊活动，组织各种各样的体育比赛、文艺比赛和知识竞赛等。

3. 会文艺。少先队需要组织很多活动，其中有很多是以文艺形式出现的。比如，文艺晚会、篝火晚会、郊游等，有时候，辅导员具备一些文艺才能既可以增添教师自身的魅力，也可以起到事半功倍的作用。很多优秀的辅导员本身就是文艺活动积极分子，具备一定的合唱、指挥和舞蹈技能，甚至有的辅导员还会一两样乐器，这都为辅导员的魅力加分不少。

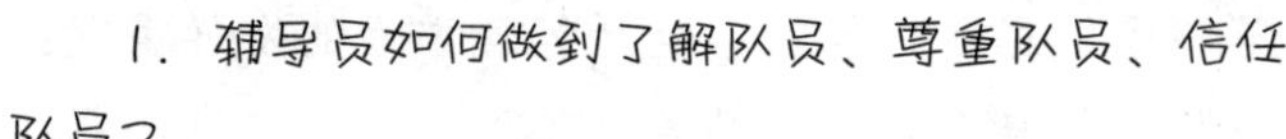

1. 辅导员如何做到了解队员、尊重队员、信任队员？

2. 辅导员怎样和其他学科教师之间、与其他辅导员之间、与行政领导之间以及与学生之间和睦相处？

笑笑老师提问

用心呵护　静待花开

文/胡静

我是一名年轻的语文教师，更是一名充满活力的中队辅导员。生命因年轻而精彩，生命因充满活力而变得五彩缤纷。是的，自从从事教师这一行业，自从和“七色花”中队的孩子在一起的每一天，我都是快乐的，幸福的。

“七色花”是我和61名孩子共同送给一(1)中队的名字，“七色花”所代表的热情、快乐、单纯、灵动、清丽、永恒、优雅即是我们中队的奋斗目标。

为了实现这一目标，工作中的每一天，我都以活泼的性格影响着每一位孩子，同时也用微笑和爱心滋润着每一位孩子的心田。因此我和“七色花”中队的精灵们相处得是那么融洽，那么和谐。

闲暇时，我常常坐在窗边，想着自己的中队辅导员生活，从培养孩子的行为习惯到深入了解孩子的思想、学习、生活等各方面的发展情况；从努力创建特色中队，使中队队员具有良好的品德风貌到每一次丰富多彩的中队活动的开展……都离不开辅导员的悉心付出与指导。

我深知，中队活动是德育工作的载体，也是孩子最喜欢的课程之一，于是，我总是和孩子们一起精心策划每一次中队活动，力争让每位孩子在活动中有所感悟，有所收获。还记得，“好习惯伴成长”的主题队会是“七色花”的孩子入小学的第一次队会，会上孩子们学唱《习惯歌》，在响亮的歌声中，把好习惯牢牢地记在了心中，为小学生活的顺利开展奠定了坚实的基础；“我是小小管理员”主题队会培养了孩子“我是班级小主人”的意识；“争做节约小主人”、“我是环保小主人”等主题队会则让孩子们懂得了勤俭节约，爱护环境的重要性；“和妈妈一起过三八妇女节”活动让孩子学会感恩，懂得感恩，常怀一颗感恩的心为父母做做自己力所能及的事；“爱上讲故事”、“交通，你懂吗？”、“神奇的花朵”、“美妙的音乐”等主题队会则是把一些优秀的家长请进课堂，让他们为孩子们带来不一样的课堂体验，同时也大大地开阔了孩子们的视野，增长了孩子们的见识……一次次的主题活动记载着孩子们的成长，一次次的主题活动把中队的凝聚力不断增强！

每次回想我的中队辅导员工作，总是那么让我感动。我相信，我用心呵护的“七色花”的每一位精灵，终有一天，定会在绚丽的舞台上，创造出属于他们自己的奇迹！

第三节 走进少先队员的心灵

教育是心灵的艺术。苏霍姆林斯基说过：“学校的学习不是毫无热情地把知识从一个头脑装到另一个头脑中去，而是师生间每时每刻都在进行着心灵的接触。”善于倾听孩子的声音，与孩子进行亲切的谈话，是师生在思想和情感上进行沟通的重要方面，也是辅导员教育工作取得成效的重要前提。只有当辅导员把深入队员中去这一行为看成是自己的一种精神渴求的时候，只有当每个学生因为老师的关爱、激励、理解、帮助、保护而绽放出笑容的时候，辅导员才真正走进了队员的心灵世界，与队员的心交融在一起。

一、平等对待，一视同仁

1. 树立公平的育人观。人们常说：“人非圣贤，孰能无过？”正在成长中的孩子难免会犯这样或那样的错误。辅导员要有平等之心，宽容之心。在工作中我们常常会发现这样的现象：辅导员在处理队员和队员之间发生的矛盾或纠纷时，往往有队员会赌气地说：“你怎么光说我而不说他？”“明明是他不对，为什么只是处罚我？”这当然有这个时期孩子的心理特点，但从另一个角度来看，也有教师在工作中粗心大意，没有认真调查事情的真相而造成的误判。在孩子眼中，“非公平”所带来的情感上的伤害往往是最重的。因此，辅导员只有平等对待组织内的每一个儿童，才能建立公平、公正的组织秩序，才会得到少年儿童发自内心的尊崇，才会尊敬辅导员的权威，尊重队友，遵守组织内的规则和章程。

2. 给予队员平等的机会。我们应该平等对待每一个队员。对所有的人一视同仁而不分彼此。少先队是少年儿童的组织，所有的儿童在组织里都是平等的——人格平等、尊严平等、机会平等。有的队员可能因为学习后进或者是身体缺陷而处于竞争的劣势，但我们不能因此而嫌弃他们，而应该抱着宽容的心态期待他们的进步，甚至应该多给这样的队员一些锻炼的机会。学校大队、中队的礼仪队，责任岗、监督员等都应该实行小干部轮岗制，让各种条件的孩子都有不同的锻炼机会。让每一个孩子在少先队的活动中得到能力上的锻炼，增强他们的自信心和能力。

3. 共同遵守集体的规则。少先队员由6岁到14岁少年儿童组成，基本处在学龄初期和学龄中期。这个时期的儿童有着其特有的心理特征，他们的思维基本特点是从以具体形象性的思维为主要形式逐步过渡到以抽象逻辑思维为主要形式。也就是说，少年儿童由具体行为最终变成意识有一个转变的过程。对于组织内的所有少先队员来说，都必须进行规则意识的培养和训练。少先队辅导员应该平等对待每一个孩子，在规则面前人人平等，而不因为个别队员和辅导员关系的疏密在处理结果上有所不同。

二、宽严有度，耐心引导

有这样一个案例：一位年轻的中队辅导员为了与所带中队的学生成为朋友，她每天与学生们在一起。但遗憾的是，她在与学生交朋友的同时，忘记了自己首先是辅导员，首先要教会学生做人和做事。由于她忽视了慈爱与严厉并存的尺度，最终学生并不听从她的话。苏霍姆林斯基说过：“教师爱学生，不是姑息迁就，不是放任自流，而是一种母亲的温存、睿智的严厉与严格要求相结合的爱。”辅导员对学生的爱不是“溺爱”，也不是“宠爱”，不是爱学生身上的一切东西。而要在向学生倾注爱的同时，又必须“严”字当头，对学生的缺点错误绝不姑息迁就，该批评的就要批评，该处理的就要处理。无论是对诸如“违反纪律”之类的原则问题，还是对“讲粗话、脏话”这类细节问题，都要严肃对待，因为“严是爱，宽是害”。

1. 教育为主，严而有度。辅导员对学生一味地严格，表面上看学生非常听话，甚至做得很好，学生也能遵守各项制度，在领导和同事及家长看来，有良好的班风，是一个不错的班级。但时间长了，学生见了辅导员就像老鼠见了猫一样害怕，造成师生关系紧张，而且学生长时间处于这样一种被动压抑之中，会对学生的身心产生一种不良影响，从而产生排斥情绪。所以，辅导员不能对学生管得太紧、管得太死。对学生的“严”要有分寸，要以教育为主。如果辅导员严而无度，乱批评人，就达不到教育的目的。

2. 讲究方法，宽而不松。辅导员对学生的行为必须严谨规范，特别是处理违纪的学生还是要严，决不迁就姑息不了了之，不从严处理不足以正班风。但在处理违纪的学生时，不要采取简单粗暴的方法，要灵活采用多种方法，使其认识错误，认清危害。给学生留点出路，这条出路将给学生一片广阔的天空，这就是我们常说的网开一面法，宽容是最基本的方法。如事后辅导员可以找被处理的学生谈谈，此时要严中有宽，和他们谈话的语气、态度上应该适当温和些，要鼓励他们改正错误。

三、充分信任，相互尊重

在少先队组织中，无论是哪个阶段的教育，师生之间的相互信任都是至关重要的。对队员来说，辅导员的信任意味着对队员的肯定、尊重和支持，他们也会因此更自尊和自信；对辅导员而言，队员的信任能让辅导员取得好的教学效果，也同样使辅导员对自身充满自信。

师生之间有了充分的信任，才可能相互了解，相互理解，相互尊重。我们不仅应该强调学生对教师的尊重，更应该改变观念，尊重学生。没有师生之间的相互尊重，就不可能建立师生之间的平等关系，也就不会有师生之间的协调合作关系。每个学生都是独立的个体，都可能有不同于他人的独特的个性。正基于此，孔子才会提出“因材施教”的著名教育理论，国外教育才会把个性教育提高到学校教育的十分重要的地位。个性意味着独特性，意味着不同于他人的独立思考能力、独特的思维方式及行为方式，是人的创造性思维能力的基础。缺乏个性也就意味着缺乏创造性。因此，少先队教育不仅不能忽视个性教育，更不能抹杀个性，而应该承认个性、尊重个性，并促使学生的个性得以完善和发展，为学生发挥创造性、实现自身的价值奠定坚实的基础。

“充分信任、相互尊重”真正体现了一种双向交流、双向互动的精神。它使教学过程的双主体——教师和学生处于平等的地位，在双方相互信任、相互尊重、相互理解的基础上，展开平等的对话，相互交流思想、情感、学术观点、人生经验等，从而真正实现“教学相长”。

教学过程中，辅导员可从以下几方面开展工作：

1. 管理体现人性化。要想让队员真正地服从辅导员的工作安排，辅导员就应该积极地为队员服务，关心队员、尊重队员，让学生为有我这样的辅导员和这样的集体感到自豪。辅导员要多花时间在那些平时关注比较少的队员身上，帮助他们融入集体，帮助他们纠正错误，调动队员参加少先队活动的积极性。

2. 培养学生干部，实现自主管理。要充分发挥少先队小干部的作用，恰当搭配，职责明确，各司其职，充分调动学生干部的积极性，发挥他们的主观能动性。

3. 分层管理，增强队员的自信心。对于优秀队员，应该加强管理，从学习生活中严格要求，鼓励他们更上一层楼；对于中等队员，给其确定进取的目标，调整学习计划，用辅导员的信心来带动他们的学习积极性；对于学习困难、纪律懒散的队员，就用激励的方法去激发他们的自信，让他们从辅导员的语言、表情、目光中得到鼓舞，使他们接受辅导员的教育，直至转变学习态度。

1. 辅导员如何才能真正走进队员的心灵，与队员的心交融在一起？

2. 每个学生都是独立的个体，都可能有不同于他人的独特的个性。辅导员如何“因材施教”？

师生义工共同参与　穿越绿心感受春天

那是一个阳光明媚、春风拂面的日子，乐山师范学校附小一（1）班全体师生以及8名家长义工一同开展了以“穿越绿心，感受自然”为主题的春游活动。早晨9点，全班学生在老师和家长义工的组织下，举着队旗，拿着温馨提示牌，排着整齐的队伍从学校出发了。

我们的队伍穿过赛公桥，步行到绿心环路。一路上，孩子们欣赏到了一片片金灿灿的油菜花，一朵朵鲜红的桃花、雪白的玉兰，还看到了一大片一大片绿油油的草地。大家唱着，笑着，尽情地和大自然拥抱着，享受着大自然带来的快乐。

经过一个半小时的路程，同学们通过自己的努力，终于走到了绿心路口，乘上了公交车，整个队伍开向了新广场。来到新广场，各班老师和家长义工带着学生参观了新广场的美景，接着全班同学以小组为单位，在家长义工的组织下，开展了生动有趣的丢手绢、背古诗、猜谜语、放风筝、舞蹈表演等活动。

热心的家长义工们正组织着孩子们快乐地行走在绿心环路上。

芳草萋萋，安全第一。

美丽的油菜花，快乐的一家人。

同学们正在兴致勃勃地玩着丢手绢的游戏。

活动持续到中午，整个春游活动取得圆满成功。

本次春游充分利用了家长资源，发挥了家长在组织管理、安全护航等方面的作用，从而大大减轻了老师的工作负担。同时也形成了一种家校合力，让整个活动变得更有意义。另外，本次春游，让孩子们与大自然有了亲密接触，通过这样的活动，孩子们会更加爱护身边美丽的环境，也会更加努力地做好一名环保小卫士。

第二章 培养少先队队员

新时期，少先队的根本任务体现在两个层面上：第一个层面是基本层面，要引导少年儿童有爱心，养成良好的道德行为习惯，增强国家意识、科学意识、劳动意识，有条件的地方还要培养审美意识；第二个层面是思想层面，要注重灌输培养少年儿童对党和社会主义祖国的朴素感情。同时，这两个层面的根本任务又可以分解为素质、精神、思想三个层面。科学意识、劳动意识、审美意识属于素质层面；有爱心、有良好的道德行为习惯属于精神层面；灌输培养少年儿童对党和社会主义祖国的朴素感情属于思想层面。

在少先队工作的根本任务中，最为重要的是要灌输培养少年儿童对党和社会主义祖国的朴素感情。对孩子而言，远大的理想信念是我们培养的目标，但必须遵循孩子成长的规律，从孩子的实际和特点出发，循序渐进地进行培养。对于引导青少年，团组织坚定青少年跟党走中国特色社会主义道路的信念，这个根本目标的实现，也需要从孩子们的教育做起，从小就要灌输培养对党和社会主义祖国的朴素感情，增强意识，形成信念。朴素感情，是一种从小培养的、发自内心的、朴实不虚假、不功利的纯粹感情。在历史上，对党和国家包含朴素热爱之情的小英雄层出不穷，在今天的时代条件下，如何培养少先队组织的朴素感情，是全队要共同努力完成的工作。

其次是培养少年儿童做人的重要品德。首先要让孩子们学会关心，学会爱。从孩子的感知规律来看，小时候有爱心，爱父母，才能爱人民，爱家乡，爱祖国。孩子有爱心，长大了才能有奉献精神，看到别人有困难才会提供帮助。孩子们不但要学会照顾自己，还应该学会照顾别人。二是要在孩子们的心灵中培养国家意识。国家兴亡匹夫有责。这句话讲的就是爱国情怀，国家意识。要引导孩子们认识到，个人的命运同国家的命运紧密联系在一起。要在孩子们幼小的心灵中培养国家意识，要让孩子们真正热爱国家，知道自己的发展、自己的生活改变与整个国家有着不可分割的关系。三是要培养孩子们的劳动意识。马克思曾经说过“劳动是人的第一需要”，我国著名教育家陶行知也说“人身有两件宝，双手和大脑”。在我们的少先队活动中，要注重对孩子们劳动意识的培养，让孩子有“我自己来”、“我能行”的意识。

第一节 引导少先队员的人生志向

通常，人们把促进少年儿童的道德行为、人生事业和社会信念等方面树立奋斗目标的教育称之为理想教育或人生志向教育。中小学生人生理想的形成、发展大体是：生活理想——道德理想——职业理想——社会理想。研究表明，小学生的理想（志向）常常表现为天真的幻想，非常具体，易变化。童年时代原本就是充满幻想的时代，每个孩子都对未来抱有美丽的憧憬。有的想当科学家，有的想当宇航员，有的想当体育健将、影视明星，有的想当医生，有的想当教师……面对少年儿童的人生志向，辅导员应该如何认识和引导呢？

一、少先队员人生志向和根本任务之间的关系

少先队根本任务既是工作目标，也是人才培养目标。少先队的根本任务

既是工作的目标和方向，也是少先队人才培养的方向。少先队工作要求做到以人为本，促进人的全面发展，是科学发展观核心思想的体现。当代少年儿童置身于一个快速发展的社会，迫切需要培养与时代相适应的能力和素质，少先队要立足于促进少年儿童的全面发展、培养孩子的综合素质。引导少年儿童树立正确的人生志向是时代的要求，也是国家和民族发展的要求。少先队组织要主动配合学校教育教学，发挥少先队实践育人、文化育人、服务育人、组织育人的优势，着力开展辅助课堂教学开展的素质教育，使得少年儿童接受的教育更加完整，个人的素质更加全面。

二、少年儿童人生志向偏移的原因分析

在学生时代，孩子们有各种各样的理想追求是件好事，它使孩子们对人生充满了希望，使少年儿童的心灵处于一种美好的状态之中。只要教育者引导得当，孩子们的志向是能够沿着正确的轨道前行并最终得以实现的。

要引领学生的人生志向，就必须清楚地认识到学生在人生志向上存在哪些问题，以及产生这些问题的原因。

1. 立志不专一。古人云："至于彼尔又志于此，则不可名志，而直谓之无志。"立志不专一是儿童常犯的毛病，特别是低年级的学生，表现出今天立一个志，明天立一个志，想入非非，见异思迁，结果是无所适从。孩子们之所以立志不专一，另一个重要的原因在于他们受外界的影响比较大，今天看到宇宙飞船上天了，就发誓要当个宇航员，赶紧去看几本天文地理的书，去看航天展；明天看到崇拜的歌星演出了，就立志要当个歌星，赶紧练唱歌。这种类型的孩子，其人生的志向还停留在小孩子玩游戏的阶段，如果不加以引导，最终会导致他们做什么事情都是凭一时的兴趣，没有常性，一事无成。

2. 立志不实际。"骏马能历险，犁田不如牛；坚车能载重，渡河不如舟。"物有所长，人有所短。这说明了我们励志要根据自身的实际情况，扬长避短。而儿童常常不考虑自身条件，只凭兴趣和外界影响而盲目立志，这种立志者多会受挫。因此辅导员在引导孩子立志时，要帮助这样的孩子充分分析自己的条件，扬长避短，根据自身的特点去确立奋斗目标，并告诉孩子，只有正确认识自己，才有走向成功的可能。辅导员帮队员立志，首先要找出队员的素质优势和兴趣所在，扬长避短，确立发展的目标。

3. 立志不实施。“明日复明日，明日何其多，我生待明日，万事成蹉跎。”这首《明日歌》曾影响过无数人，现在的孩子们仍然在唱，而且唱得比过去更响亮。立志后不去实施是孩子们的通病，这样只能使行动目标停留在想象之中，最后变成空想。

4. 立志不持久。“绳锯木断，水滴石穿”，这是意志坚韧的表现。有的孩子不仅能壮志凌云，而且也能拼命苦干，但却不能持之以恒，他们做事情忽冷忽热，一曝十寒，导致半途而废。一个人志向再高，不能坚持，也无法成才。著名科学家贝费里奇说过：“几乎所有有成就的科学家都具有一种百折不挠的精神。因为大凡有价值的成就，在面临反复挫折的时候，都需要毅力和勇气。”

5. 立志不高远。“志当存高远。”古今成大事业、达成就者，一般都心存鸿鹄之志。而如今，很多小学生的理想却变得越来越“现实”。他们认为，远大的理想是缥缈的，读书学习是为了将来挣大钱，当“大款”、“大腕”、“大官”，而且越是高年级的学生，这样的“志向”越是强烈。一些学生受功利思潮的影响，缺乏远大理想与抱负，对于学习爱因斯坦，学习雷锋、张海迪，他们认为“太累了，学不了”。据此，有识之士认为，这是一种人生志向的短视，是人生追求的迷惘，是理想的异化。

一些学生在人生志向上存在的以上现象，既有客观的原因，又有年龄特征所表现出来的诸多主观因素。只要老师和家长正确引导，这些问题都能逐步得到解决和纠正。这其中，辅导员的影响起到极其重要的作用。

三、少年儿童人生志向的引导艺术

中小学校是对少年儿童进行教育的主阵地，肩负着全面提高少年儿童思想道德素质、科学文化素质和身体素质的责任。少先队教育是学校课堂教学的有益补充，主要任务是提高少年儿童的思想道德素质，进而提高他们的综合素质。因此，各级少先队组织要围绕社会主义核心价值体系，大力开展社会主义荣辱观教育，引导少年儿童坚定理想信念，树立正确的世界观、人生观和价值观，培养中华民族传统美德和爱心意识、诚信意识、民主意识、法制意识、创新意识、规则意识、环保意识。这些意识的培养与少年儿童人生志向的确立有着密切的关系。

1. 播下“未来”的种子。在孩子小的时候，有些父母常常喜欢问：“长大了，你想干什么呢?”一个孩子想：“长大”是什么呢，妈妈说，长大了，就是长高了，妈妈变老了；爸爸说，长大了，就是可以做自己想做的事情了。孩子听了，想：长大还是不长大呢，因为他不想妈妈变老，但是又想起了长大的种种好处。爸爸说了，长大了就可以做自己想做的事情了。聪慧的孩子想了想，对妈妈说：“我长大了，就让妈妈不变老吧。”爸爸和妈妈愣了一下，开心地笑了起来，他们没有想到孩子会给他们一个这样的回答，但是这样的回答让他们非常高兴。

长大和未来会怎样，这是年纪尚小的孩子难以想象的。和孩子聊起这样的话题，有几分逗乐的意味，孩子会有什么样的回答呢，这是父母想要知道的。小孩子在心里都有讨好父母的“心机”，望着父母充满期待的神情，他们会尽量搜寻让父母高兴的词汇与语言。他们不一定知道这意味着什么，但是他们喜欢看到父母高兴的样子，也喜欢听到父母对自己的夸奖。父母对孩子的期待就这样潜移默化地成为了孩子前进的一种方向，父母就这样在孩子的心中播下了“未来”的种子。

2. 发现生长的精神之光。志向好像前进的风帆，是乘风破浪的工具，也是驶向理想目标的方向盘；没有志向，就好比船没有风帆，不知道该往哪儿驶去，也无法集聚全部的力量。

在孩子小的时候，家长和教师也有必要对其进行立志方面的教育。成长中的孩子就像生长的植物，总是朝着阳光射来的方向生长。为孩子指出有哪些伟大的人物改变了现在的生活，有哪些人物的事迹一直被人传唱，这些人物和事迹的高贵与伟大之处，就好像孩子生长的精神之光，他朝向它，朝着它引导的方向生长。

3. 树立学习的榜样。小学阶段的孩子的认识很不稳定，他们今天说要成为一名科学家，明天说要做一个宇航员遨游太空，他们的快乐在于他们能够无拘无束地构想自己的未来。他们很容易受到与崇高、伟大这样的词汇相关的情感的影响，他们心中有成为英雄的梦想。他们天马行空地幻想着，比较谁最厉害，谁最适合做自己的榜样。孩子知道自己是弱小的，他们希望自己崇拜的人物，自己梦想的生活也是最棒的。孩子的想象世界，是梦想与志向生长的地方，辅导员应鼓励他们树立远大的志向，并不断朝着目标努力。

学校、家庭教育中最重要的内容，不是给予孩子知识，而是帮助孩子树立远大的理想，培养他为实现理想、奔向目标所必需的坚韧不拔的毅力。

4. 呵护成长的梦想。少年儿童的生活充满着感动，但是明确的志向并不多，当他满含着热情对辅导员说他长大了要做什么的时候，辅导员应该为他叫好。在许多队员还懵懵懂懂的时候，他们也会突然受到触动，找到自己的航向。这本来是一件非常了不起的事情啊，可是有些师长却不以为然，让孩子眼中闪烁的光彩骤然暗淡下去。有一个小学三年级的少先队员曾对辅导员说，长大了要去当舰长，而辅导员却说："瞧你那糟糕的成绩，打扫军舰都轮不到你的份儿。"刚才还意气风发的孩子，听到辅导员这样的话，马上变得垂头丧气，更不用说坚守自己的梦想了。这位辅导员错过了帮助孩子确立志向的机会，而且她还不知道这其中的价值，这实在是一件遗憾的事情。

孩子们树立的志向最好远大一点。墨子说："志不强者智不达。"马上就能够满足的愿望，不足以激发队员身上可贵的潜力。队员的目标，需要一天一天不断地积累，如果辅导员让这个愿望轻易地满足，队员就失去了憧憬、期待、等候的美妙时光。

鼓励队员实现理想中的目标，最好用内在激励的方式。如果用物质奖励的方式来激励孩子达到某一个目标，会让队员的物质需要越来越难以满足。

鼓励队员为了实现自己的志向而不断努力。我们可以把少先队员为实现志向所作的努力，比作队员为了一年一度的狂欢日而进行的储蓄，孩子们知道这样的努力并不是马上就会有回报，但是付出肯定会有回报。

孩子很容易有泄气的时候，辅导员应该帮助队员看到自己的一点一滴的进步，让他们知道自己正在一点点地向目标迈进。当他们气馁和退却的时候，辅导员可以用他们心中的志向不断激励其继续前进。

1. 辅导员应该如何认识和引导少年儿童的人生志向？

2. 少年儿童人生志向产生偏移的原因是什么？鼓励少先队员实现理想中的目标，最好采用哪些方法？

笑笑老师提问

一次特殊的家长会

文/李东强

从教20年，我一直担任班主任和辅导员工作，召开过许多家长会。但上学期那次“特殊”的家长会让我对老生常谈的家长会有了新的感悟。

那次家长会，同往常一样，先由学校领导讲了学校的情况。我看见家长们近乎麻木、平淡地听着这一切。然后就进行分班交流，我请科任刘老师先讲。

刘老师一直是一位在学校、家长、社会上口碑很好的老师。刘老师不但教学能力强，而且管理学生非常细致、认真负责，有时连我都不得不佩服她的耐心和爱心。这时刘老师拿出她事先准备好的讲话稿，同以往一样，厚厚的一叠，足有七八页。刘老师讲的内容跟以往差不多，重点是讲孩子存在的不足，特别点名近两周表现不如意的孩子。被点到名的孩子的家长都垂下头，就好像是自己犯了错误一样，面部表情很怪，有几分尴尬，也有几分无奈，有几分愤怒，也有几分感激。讲话持续了近两个小时，天已经渐渐地阴暗下来，有几个家长在悄悄地看时间。最后刘老师向家长们提出了几点建议后收了尾。其实这些都是老生常谈，家长都能背下来了。

该我讲话了，看到家长们抬起头，充满期待的目光，我想：自己的稿子，与刘老师差不多，他们听了该有多失落呀！不能这样了！家长和孩子一样需要鼓励！况且这种唱独角戏的作用不大，不如让家长说说。于是，我立即改变计划，请家长只思考并回答一个问题：你孩子的优点是什么？请说出孩子1～3个优点。先没有哪个家长肯说，我专门让之前被点名次数最多的孩子的家长说，结果那位家长说到因夫妻双方长期上晚班，孩子自立能力强，能自己做饭，自己悄悄睡觉等优点，于是家长们都七嘴八舌地说起来，一改前面不耐烦、冷清的场面。我也快速地记录着，为以后教育孩子做点功课。

这次家长会后，我发现孩子们能主动与我交流谈心，他们的闪光点越来越多。家长们也主动与我打电话，寻求我的帮助。看到这些变化，我心里非常地欣慰！的确，家长会不是告状会，不是让老师抱怨的，不是老师的一言堂。其实多让家长发言献策，老师与家长的关系会更为和谐。这样的家长会，才是点亮孩子心灵的家长会。

以后的家长会都应这样召开！

第二节　突出时代色彩培养几个意识

邓小平同志指出，教育要面向未来，面向世界，面向现代化。少先队的根本任务中就提出要引导少年儿童有爱心，养成良好的道德行为习惯，增强国家意识、科学意识、劳动意识、审美意识……对于当前中小学少先队工作来讲，应该特别突出规则意识、科学意识、劳动意识、责任意识的培养。

一、规则意识的培养

“没有规矩，不成方圆”。自古以来的教育，都崇尚培养学生讲规矩，守规矩。著名教育家叶圣陶曾经说过：“教育是什么？往简单方面说只需一句话，就是培养良好的习惯。”这里的“习惯”，不仅指学习习惯，更为重要的是行为习惯。

2012年，全国少先队辅导员远程培训时，陆昊同志指出，少年儿童思想道德的培养很大程度上是首先应该建立和培养规则意识。为了促使学生行为习惯向更好的方向发展，培养学生的规则意识已是刻不容缓。我们生活在集体中，必然会有一些规则来约束大家的行为。所谓“国有国法，家有家规”，作为少先队员，要遵守少先队的章程，作为中队队员，要遵守中队的制度要求。

1. 做好动员宣传，树立规则意识。有的辅导员老师在活动之前不向队员提出任何要求，当发现出了问题时，怒气冲冲责问队员，其实这样对队员是不公平的，因为他们事先并不知道什么事情可以做、什么事情不可以做。辅导员只有把要求提在活动前，队员才有可能在活动中有意识地约束自己的行为。 每学期开学之初，大队或中队辅导员利用开学典礼或第一节收心课进行的教育，就可以看成是规则意识的教育。辅导员有义务告知队员哪些是可以去做的，哪些是不可以去做的，不该做的事情做了会有什么后果等。把规则贴在墙上，时时提醒队员。

2. 提倡互相监督，互相促进。规则制订出来，还需要一个监督者，辅导员不是时时刻刻和队员待在一起，有些不良行为不能及时发现，因此需要队员之间的相互监督。出现不良行为应及时去制止，督促其改正；做了好事也要及时表扬，让其他队员向做好事的队员学习。有的辅导员让同桌结成对子相互监督和竞争，每周公布考核结果，队员的积极性相当高。

3. 理解规则，了解规则，才能更好地执行规则。集体制订的规则，不能强硬地要求队员去执行，有时候，这样做只会适得其反。队员不懂规则的意义，在好奇心的驱使下，很可能会违犯规则。因此，在制订规则后，要耐心地为队员讲解为什么要制订这项规则，队员理解了规则，自然会了解辅导员的良苦用心。

4. 尊重成员意见，实行组织内民主。规则是为集体中的所有成员制订的，为了使队员心服口服地去接受、执行这些规则，我们要提供民主化的环境，让队员参与规则的制订。为使队员从思想上遵守规则，发挥队员在规则教育中的重要作用，通过队员自己制订班规，作为规则教育的突破口，在讨论、筛选、确定、执行班规中自己教育自己，达成一致性，这样才能制订出更合理的规则。

5. 奖惩及时明确，共同维护规则。 辅导员平时事情多，有时可能忙起来就顾不上去处理班队的一些事务。但是，既然制订了规则，就要严格地去执行它，不能有懈怠，特别是制订之初。否则时间久了，规则就形同虚设，队员会存在侥幸心理，认为违反了规则辅导员也不会惩罚他，这样队员的规则意识就会模糊，对队员今后的成长不利。但同时，辅导员要讲求惩罚的艺术性，惩罚要有一定的限度，并与说理和引导相结合，对队员晓之以理，动之以情。

6. 讲究方式方法，营造良好氛围。一方面，高年级学生存在着“逆反心理”。辅导员不能生硬地说教，要求队员必须怎么做，必须怎么怎么样。有时候，你不要求他们做的事情，他们越是喜欢尝试着去做。如在学生上下楼梯时，我们可以告诉他们“上下楼梯都要靠右边走，这样会更安全、更方便”，而不能生硬地说：“不要靠左边走，靠左边走会很危险的。”如果辅导员正面提出规则，就会让队员感到辅导员老师是尊重他的，相信他的，更有助于增加遵守规则的意识。另一方面，禁止队员做的事，我们不能用商讨的口气来表达。和队员交流时，要让他们明确地感受到什么是应该做的，什么是不被允许的，而不是形成错误的或模糊的意识和判断。

不同的环境可以诱发不同的行为。一个良好、积极的校园环境，是一个能够积极强化学生行为规范的环境。校园硬件的创设和教师自身的示范作用，有助于学生适应环境。首先，应规范辅导员自身行为，以身作则，带动全校队员逐渐树立起良好的规则意识。其次，应该通过大队和中队广泛宣传规则意识，在校园走廊及墙壁上展示一些标语、名人名言。比如“请讲文明语”、“少壮不努力，老大徒伤悲”等，让队员在无意识中内化各种规则，从而自觉形成自身的一种良好的行为习惯。

7. 注重长期坚持，提倡巩固渗透。有些队员常规习惯不好，一个重要原因就是辅导老师对队员的要求，不能做到始终如一，长期坚持。只是什么时候突然想起，什么时候才对队员提出要求，或者看到出现问题时才提出要求；有时活动前提了要求，活动后却没有进行检查评价。而队员的行为习惯的养成需要一个漫长的过程，只有长抓不懈，才能日积月累，使规则意识得到巩固。总而言之，规则意识不是一朝一夕就能培养成的，因为少年儿童的自控能力较弱，因此需要学校和家庭不断地提醒、监督，帮助引导他们逐渐形成明确的规则意识，使队员的个性和共性相得益彰。

二、科学意识的培养

当代少年儿童正处于长身体、长知识的时期，他们思想活跃，富于幻想，爱动手动脑，好提各种问题，对新鲜事物非常敏感。我们要充分利用这一特点，从小对他们进行科学意识的教育，尽早开发他们的智力资源。事实证明，很多著名科学家的智慧启蒙都是在少年，甚至是在幼年就开始启蒙和发展的。

科学意识是在深刻认识科学的本质、功能、发展规律和机制的基础上形成的一种社会观念，它能够促进人们投身科学事业或积极响应科学活动，并对参与科学活动的价值取向提供合理性指导。和科学意识紧密相关的是科学精神。科学精神是科学的本质和灵魂。对于一个人、一个国家和民族来说，科学精神都是不可缺少的。

1. 大力开展科普活动，提高少年儿童的科学素养。学校少先队要营造尊重科学的良好氛围。教育改革以来，少年儿童科学意识的培养有了较大程度的提高，但是少年儿童普遍的科学素养状况仍不容乐观，学生的科学素养偏低，是制约全面完成少先队根本任务的一个重要因素。因此，作为少先队活动主阵地的学校，要进一步加强科普宣传的力度，扩大科学阵地的建设。利用校园黑板报、校园电台、电视台开办和科普相关的栏目和节目。

一个人是否具备科学意识，首先在于他对科学成果的了解。因此我们在对少年儿童进行科技意识教育时，应从了解科技成果入手，开展“科技与生活”、“科技成果知多少知识竞赛”、“少先队与科技工作者座谈会”等活动，广泛宣传，进一步激发少年儿童热爱科学的情感。

2. 结合素质教育的实施，提高少年儿童的科学素养。针对青少年的素质教育中，最为关键的一项就是科学精神的教育。科学精神是现代人科学文化素质和思想道德素质中不可缺少的因素，在实施素质教育的过程中，辅导员可以依靠丰富多彩的少先队活动，在活动中教育学生，鼓励学生大胆猜想，大胆提问，乐于表现自己，敢于与众不同；要大力开展和科学意识培养相关的少先队活动，激发学生对大自然奥秘的好奇心；要引导学生相信科学、尊重科学、学习科学、运用科学。同时，我们提倡的科学精神应该是充满高度人文关怀的科学精神，科学精神与人文精神应该紧密地结合起来。因此，在实行素质教育的过程中，必须同时重视学生人文素质的培养，以人文精神作为科学精神的底蕴，使科学真正造福于人类。可以说，少先队活动和实施素质教育相结合，可以更好地保障和提高少年儿童科学意识的培养效果。少先队辅导员可以从小处着眼，从可行性出发，让广大少年儿童参加一些力所能及的科技活动。如“气象小观察”、“航模小制作”、“我的一个发现”、“科学小实验”等。少年儿童积极参与这些活动，让他们能进一步认识到科学技术的重要性，能让他们认识到自己肩负的责任，从小树立勤奋学习、掌握科学的本领，长大建设家乡、报效祖国的志向。

3. 进行观念革新。大力加强“少年科学院”的少先队品牌活动的建设，增设以实践活动为基础的课外活动课程。科学发展的历史表明，热爱科学的品质是在科学实践中培养的。科学精神中的实事求是的态度，坚持真理、不怕挫折、不怕失败等品质，在课堂教学中是无法培养的，科学精神只有在科学实践中才能真正养成。因此，学校少先队应该给少年儿童提供尽可能多的活动方式和活动机会，多开展少先队的小制作、小发明、种植养殖等活动，使少先队员在科学实践中锻炼、学习和体验，使他们在实践中享受科学探索的乐趣，激发科学创新的灵感，学会科学协作的方法，培养求真务实的品格，让学生在实践中萌生科学精神。

三、劳动意识的培养

苏联教育家苏霍姆林斯基说过：“儿童高尚的心灵是在劳动中逐渐培养起来的，关键是要使幼儿从小就参加劳动，使劳动成为人的天性和习惯。”现在大多数少先队员都是独生子女，家庭生活水平高，劳动意识却越来越淡薄。有些家长，也包括某些学校只注重让孩子认字、学英语、学算术，梦想将来如何如何，却忽视了孩子应从小学会基本的生存技能，那就是劳动。因此，在6～14岁这段人的知识、个性、劳动意识等发展最为关键的时期，作为少先队工作者，对少年儿童劳动观念的培养更要有紧迫感、危机感，以高度负责的态度对儿童进行潜移默化的劳动教育。

1. 结合教学，加强引导。辅导员在班队会中，结合五一劳动节等特定节日，运用唱歌、讲故事、情景剧表演等形式，让少年儿童潜移默化地受到劳动教育，用浅显易懂的语言，让孩子们认识到劳动的意义。

辅导员应该精心设计每节活动课，合理地安排各个环节。比如，在手工课上，教师亲自示范，学生也会自然而然地学着怎样“做”，让孩子们感受到劳动带来的成就感；又如，在语言活动课中，教师选取通俗易懂、能吸引孩子的小故事来教育孩子，让学生在快乐的学习中懂得热爱劳动的道理。

2. 参观成人劳动，进行劳动教育。如带少先队员参观邮局，了解邮递员的工作；观看交警指挥交通，认识警察的劳动；参观商店，观察售货员的劳动；到煤店、粮店、建筑工地等参观，让少先队员认识劳动的社会意义。

3. 通过各种角色游戏让儿童接受劳动教育。如，有的学校开展角色体验活动，设置有市长、警察、医生、售货员等各种社会角色，通过角色体验，让少年儿童了解社会各个行业的特点，激发少年儿童融入社会，热爱劳动的思想。

4. 结合日常生活进行教育。在班级或中队设立劳动岗，教育队员自己的事情自己做，并鼓励少先队员乐于为他人服务，有意识地将责任感的培养贯穿到队员日常生活的每一个环节中。

5. 多鼓励、表扬，增强孩子们热爱劳动的意识。有的孩子在家养成了坏习惯，变得懒惰，不愿意自己动手，有时还会吆喝别人来为自己做事；有的孩子因为在家里没有亲手尝试过，所以想做却不会做，显得很不情愿、无奈甚至是恐惧劳动。不管是哪种类型的孩子，教师都要针对性地采取教育方法，来进行指导、帮助。如果发现孩子有了进步，教师就要及时对其表扬；而对于那些不敢迈出第一步的孩子来说，教师的鼓励才是他们最有效的奖励。

四、责任意识的培养

1. 辅导员要以身作则。要求学生做到的，教师要率先做到。如要求学生不迟到，教师首先在上课铃响之前进教室；要求学生每天按时完成作业，教师也要当天批改好作业并发到学生的手中，不得隔日；要求学生进校门后不骑自行车，教师在校门口就应该下车推着走，等等。常言说得好，身教胜于言教。学生的责任心会在教师潜移默化的影响下逐步增强。“润物细无声”是最好的教育，也是学生最愿意接受的教育。

2. 培养学生的良好习惯。小学生具有年龄小、可塑性大的特点，他们的各种习惯容易养成也容易改变，如果从小就坚持反复不断地培养他们良好的行为习惯，对他们今后成长具有不可估量的作用。辅导员应抓住这个好时机，逐步培养学生形成良好的习惯。

（1）学习习惯。学生的一般学习习惯包括：上课习惯、课前准备习惯、作业习惯、预习和复习习惯，以及文具的整理习惯和使用习惯等。根据学生的特点，首先对学生进行学习行为训练。如在训练学生上课发言举手时，告诉学生为什么上课发言要先举手，再进行示范练习，要求学生掌握规范的举手姿势，举左手，略高于头，不要碰撞桌子发出响声，并且阐明举左手的宜处——不影响上课记笔记。同时讲明发言的体态及声音的高低，是对老师的尊敬，同时也是对同学的一种礼貌。

（2）行为习惯。重视学生日常行为习惯的养成教育，让学生明确哪些行为是对的，哪些行为是错的，反复训练日常行为，养成自觉自控行为的习惯。如有些学生总是忘记戴红领巾，一般情况是因为换衣服时不注意把红领巾取下来，或者取下来随地一扔，第二天上学匆忙就把此事忘了。针对这一情况，辅导员应建议学生放学回家后就把红领巾放在书包里，这样就可以解决这个问题了。

3. 组织学生参加各种活动。精心组织各种班级活动，通过活动培养和树立学生的责任心。如三八妇女节前夕，要求学生在家做力所能及的家务事，给妈妈一分惊喜，以此增强学生的责任感，学会关心长辈，使他们感受到“帮助别人，快乐自己”的情感体验。

4. 家庭是培养学生责任心的重地。现在的孩子大多饭来张口、衣来伸手，很多人不会做家务，不关心父母的疾苦，以自我为中心，习惯于把责任推给他人。另一方面，家长相对更注重孩子的学习成绩，忽略了道德品质的培养。孩子应该学会自己的事情自己做，穿衣、洗漱、整理书包、整理房间……逐步自理，不给父母增加负担。建议学生在家中养养花、养养小动物，看谁养得好，养的时间长。通过这些劳动，让学生懂得如果做事不负责任，连一棵花也养不活的道理。

责任心作为一种重要的人格品质，有助于学生独立性的增强，有助于促进学生的智力发展和学习水平的提高，对学生各方面的发展，对其将来的事业成功具有极为重要的价值。“十年树木，百年树人”，“树人”，就是在学生的心田“播种”，播种一颗火热的责任心。给学生一个信念，“我要做一个有责任心的人”，对自己负责、对他人负责，好好学习、好好生活。

1.少年儿童思想道德的培养很大程度上是建立和培养规则意识，辅导员如何针对学生进行规则意识的培养？

2.小学生具有年龄小、可塑性大的特点。辅导员如何抓住时机，逐步培养学生形成良好的习惯？

孩子，谢谢你

文/梁庆蓉

中午，我靠着讲台，囫囵吞着午饭，一张带着粉紫色花纹的纸巾递了过来。是好好，记不得从什么时候开始，他已经形成了这样的习惯，享受殊荣般地在每天午餐时为我准备一张餐巾纸。

就在上午，我还因他伪装在桌前静息，暗地却发出怪叫声影响纪律而毫不客气地以义正词言的语言“轰炸”过他。

不等我说“谢谢”，他已跳下讲台，回到座位，以左摇右晃、东瞅西望的姿态，继续午餐。

五年了，好好似乎没怎么变化，还是那么瘦小，满眼扑闪着机灵和狡猾。

我已记不太清楚，这五年来，曾经有多少次对他义正词严地“轰炸”，或慷慨激昂地“数落”，或有理有据地“解剖”……他每一次都败下阵来……

回想起他5年来的点点滴滴，似乎，并没有多么大不了的事情，也就是测试测试老师的听力，趁上课老师不注意的时候在抽屉里敲敲鼓；把向他炫耀分数的同学的试卷撕成碎片；午餐时间跟老师捉捉迷藏，到学校的“秘密通道”探险；使用完同学好心借给他的橡皮擦，让别人自己到窗外去捡；修炼乾坤大挪移，让同学的笔袋、书本换个位置；给同学们一个“惊喜”，让大家在下课时，同时发现鞋带散了；顺手“牵”走同学好玩的东西，不过从不在乎那个东西的价值……

怎么又开始数落这个小家伙了？

咦，这小家伙刚才还在我眼皮底下，怎么一会儿就又不见人影！

我马上下发“通缉令”——叫好好回来抄练习本！

10分钟后，他被押解回教室，满脸的不情愿，骂骂咧咧，磨磨蹭蹭地“画”了起来。

大概是在二年级的时候吧，我想着手写一本书——《好好行记》，以记录他的成长变化，同时也记录我对他“呕心沥血”的教育。进行一段时间之后就没劲儿了，我能记录的，大多数是前面那些小品周而复始地上演。

大概是二年级下期的时候，好好可以比较安心地坐在教室里吃饭了；也大概是在二年级，他开始写课堂作业了，虽然只是抄写生词；三年级，他没有在课堂上上蹿下跳，不定时游荡，并爱上朗读；四年级，参演学校诗社10年庆典小品，担当主角；现在快六年级了，终于能耐着性子把考试题目填满……

同事说和家长说，好好进步都是我的功劳。我美其名曰——不抛弃，不放弃。好好的进步，真的是我的功劳吗？

我总是煞费苦心地想让他像其他乖乖学生一样，然而，5年过去，他还是他！他的变化，只是心智逐渐成熟的结果！

5年来，发生改变的那个人，竟然是我！

在无数次无果的折腾中，我终于明白，好的、有效的教育就是这样慢慢等待来的！

谢谢你，孩子，赐予我如此深刻的领悟！

午休音乐响起，一个人影在讲台上闪过，好好从同学手中夺过垃圾筐，冲向门外，几张纸屑在他身后飘下。

谢谢你，孩子，没有计较我无数次的“轰炸”、“数落”、“解剖”，仍保持着一颗单纯、可爱的心……

第三节 呵护少先队员的身心健康

少先队员的身心健康是他们成长的基础和前提。人的健康包括两个方面：身体健康和心理健康。只有身心都健康的人，才称得上是真正健康的人。教育就是要促进受教育者的成长与进步，关照受教育者的身心健康。辅导员应悉心呵护队员的身心健康，在少先队工作中加强对少年儿童心理健康和生命安全的教育，促进少先队员健康成长。

一、保护孩子的自尊

虽然每个人的自尊都可能随着环境的变化而变化，但却永远不会丧失。

孩子们也是如此。就像皮肤对身体的挤压做出的反应一样，自尊是孩子们的心理晴雨表。

1. 培养孩子的自信。自信心的来源是“被爱与成功体验”，想要培养孩子的自信心，首先要让孩子感觉到被关爱，建立很强的安全感，让他觉得不管自己做得怎样，家人朋友都是爱他的。再就是让孩子得到成功体验，教会孩子学会制订目标，并学习如何完成目标，体验成功的快乐。让孩子学会正确看待失败，不要对过去的失败和错误耿耿于怀。每个人要想获得成功，不仅取决于他的智力高低，还取决于是否有足够的自信心。自信心可使人不怕困难，积极尝试，奋力进取，取得更多的知识和经验，争取更好的成绩。那么，教师该如何帮助孩子培养自信心呢?

（1）用赞扬和鼓励培养孩子的自信。有一句话说得很在理：好孩子都是鼓励和赞扬出来的。的确，鼓励和赞扬是孩子不断进步的力量源泉，也是培养孩子自信心的肥沃土壤。所以，当孩子出色地完成了某个任务或者尽自己的力量帮助了他人并取得成绩时，作为教师请千万不要吝啬对孩子的赞扬。就算是简单的一句“你真棒”，对于孩子来说，也可能比玩具或者美食更令他们高兴。而当孩子做得不够好或者没有取得进步时，教师也千万不要过分地指责或批评孩子，而应给予孩子及时的鼓励。无论是用言语上的“没关系，老师知道你很棒，再试试”；还是摸摸孩子的头，甚至只是一个简单的微笑，一个赞许的目光，都能帮助孩子树立自信。不过要注意的是不要滥用鼓励与赞扬，这样反而容易适得其反。

（2）通过榜样示范来培养孩子的自信。由于自身的年龄特点，孩子还没有形成良好的判断正误的能力，大多数时候他们只是在学样而已。他们的大脑通过接收信息，然后直接反馈到身体的各个部位，而并不是像成人一样要经过严格的筛选以后才反馈下来。而此时教师就像是孩子的一面镜子，不管做什么孩子都会看在眼里，然后就跟着学。所以，教师一定要以身作则，树立典范。比如：如果某个班的教师非常自信，那么这个班的学生肯定也会深受感染。另外，教师要努力创设培养学生自信的环境，让学生在潜移默化中感受到教师所传递的信息。在日常生活中教师也要注意自己的修养，努力为孩子树立良好的形象。

（3）从尊重中培养孩子的自信。每个人都有自尊，当然孩子也不例外。一个没有自尊的孩子是不可能有自信的，作为教师，应学会尊重孩子。在日常生活中，多倾听孩子的心声也是尊重孩子的一个重要方面。当孩子感觉自己的能力得到了认可时，他的自信也就会随之而来。

有了自信，孩子便能够积极投身于各种活动之中；有了自信，孩子就能从容勇敢地面对各种困难；自信促使孩子往更好的方向成长。

2. 呵护孩子的自尊。辅导员要像呵护生命一样呵护孩子的自尊。孩子不像成人那样有牢固的自尊感，一切外在的“反向刺激”都可能打击他们的自尊，挫伤他们的积极性。所以，辅导员要关心爱护队员，并运用教育智慧巧妙地保护孩子的自尊。

经常表扬学生的优点，对于学生培养健康的心理会有很大的帮助。如果老师整天抱怨所教班中的学生笨、懒、行为习惯差、不听话，这样很容易挫伤孩子的自信心。一个教学经验丰富的老师，却很少有这样的抱怨，在他的眼中，看到的是一群既聪明又可爱的学生。所以，要改变学生，教师首先要改变的是自己的态度。整天用挑剔的目光看待学生，很难营造愉快、轻松的课堂教学环境。教师情绪不稳、常烦躁，学生也会受影响，如学生常处于紧张和焦虑之中，学习效率不高，效果不佳。因为在教师的指责批评声中，学生丧失了自信，更严重的是导致部分暂时落后的学生破罐子破摔。相反，教师心态健康向上，热爱学生、欣赏学生，就会想方设法不断改进自己的教学方法，因材施教，学生也会同样积极地学习，积极地思考。

一个人只有具备足够的自信心，才会有所行动，有所成功。我们成长的过程中也经历过或多或少的挫折，当我们的努力没有得到尊重或赏识时，我们会失望。有时候，我们遭到批评，会导致自我状态从良好变成一般。身为辅导员的我们都会有这样的体验，那么作为孩子呢？他们的心理比我们脆弱，因此他们的失望感会更强。自尊是自我理解和自制。辅导员在日常教育中，要让学生树立自信、拥有自尊。教师要告诉孩子：你就是你，你的能力不会因为别人的意见而提高或者下降。

我们不可能让学生生下来就天资聪慧，但是，我们却完全可以通过有效的培养，让孩子拥有自信、自尊的人生。不要戴着有色眼镜看学生，要充分激发学生的自信心，积极引导学生全面健康地发展。

3. 提高孩子的自尊心。帮助孩子提高自尊心的方法很多，下面这些方法也许会对你有所启发。

（1）用画册、剪贴簿、成长档案或个人笔记本记录孩子取得的成绩，并让孩子经常翻看。

（2）引导孩子培养爱好或兴趣。

（3）教育孩子学会赞美别人。

（4）教会孩子坚强，正确看待成败得失。

（5）让孩子给自己的优点列个清单。让孩子清楚：自己能做好什么事、能取得哪些成绩。

（6）让孩子考虑：自己能做些什么来克服不利条件，弥补弱点，设定目标，制订行动计划；让孩子决定在某个时间之前做好什么事，并把它写在日程表上。

（7）让孩子给自己画像，画出他希望成为的自己，他眼中真实的自己。

（8）让孩子大胆地展示自己。

（9）鼓励孩子加入学生的团队组织。

（10）奖励学生并让学生奖励自己。做一些特别的、有创意的事情来庆祝学生取得的成绩。

（11）把孩子的成功迅速告诉其家人。

二、珍视孩子的生命

生命对于每个人只有一次，人最宝贵的是生命，每个人都有这样的愿望：让自己的生命之树长青。对于成长中的孩子更是如此。他们不仅应追求生命的存在，更应追求生命的质量。

然而，在现实生活中，却存在着诸多让我们触目惊心的现象。有资料显示，我国初中生中，近视眼的男生为61.7%，女生为71%；小学生近视率为男生52.5%，女生62%。与日本、韩国等国的同龄学生相比，我国学生的身高、胸围、肺活量、脊柱发育情况存在着一定的差距。

据《中国青年报》报道，2002年8月2日，贵州遵义市有5位小学生集体自杀，原因仅仅是1人因“爸爸没买生日礼物”，便认为“爸爸对我不好”，而到他家玩的4个小伙伴由此联想到自己挨父母打骂的经过，于是一致决定吃安眠药一死了之……另据调查，我国未成年人中，每年意外死亡有40万至50万人之多，其中相当一部分是轻生自杀。个别“优生”因遭遇挫折而跳楼，某些“后进生”因不堪重负而出走、轻生。其他主要危险因素是：车祸、跌落、溺水、中毒、烧伤、窒息。在这些非正常死亡事件中，约有80%是可以通过预防措施和应急处理得以避免的。

1. *孩子的生命为什么如此脆弱？*导致孩子生命质量不高、身体素质下降和意外死亡的原因主要有：其一，家长培育方法不科学。现在的小学生大多是独生子女，家长对孩子宠爱有加，虽然重视孩子的健康，但不懂科学养育的方法，致使孩子肥胖，性发育提前，身体的柔韧性和协调性差；同时，家长很少关注孩子生存能力的培养，不愿让孩子吃一点苦，冒一点险。孩子一旦遇到紧急情况，往往手足无措，无所适从。

其二，教育应以人为本，即以学生的健康、全面发展为本。但长期的应试教育却只看重考试分数，学生成了各种考试的机器。由于教育评价的片面性，教育本身被异化，导致对学生健康的忽视，对生命的漠视，对学生安全问题的轻视。譬如我们很少思考：教育的使命是什么？是单纯培养“接班人”，还是努力使受教育者“学会生存、学会发展”？孩子的健康与生命同考试分数相比，哪个更重要？

2. *珍爱孩子的生命。*从上面所谈现象及其原因分析中，我们可以进行这样的反思：基础教育承担着国民素质培养的重任，孩子的身体发育状况如何，身体素质如何，孩子们对生命本身的认识怎样，对自身安全的保护意识怎样，关系着民族的生存，关系着国家的安全与发展。

三、在工作中实施健康、生命价值和安全教育

1. 关爱孩子的身体健康。小学生对自己的身体健康缺乏认识和把握。譬如由于偏食、暴饮暴食、不注意根据气温变化情况增减衣服等而造成生病；在玩耍中不注意安全而发生一些安全事故……对此，辅导员老师一定不要认为这些都是小事，可以任意忽略，或者觉得令人烦心，而使自己的教育行为简单化。

首先，应该怀着一颗真爱之心去关心孩子的日常生活，关注他们的生理和心理变化。平时，中队辅导员要特别关注孩子们的穿衣吃饭、玩耍友谊，要教育孩子们互相关心、理解和帮助，对学生关心他人的言行，要及时给予热情的表扬和鼓励，以强化孩子关心帮助他人的优秀品质。

其次，要主动关心中队中体弱多病的孩子。孩子在成长过程中，身体的个体差异较大。对于生病在家的孩子，中队辅导员可以给孩子家里打个电话，带去辅导员和全中队队员的问候；或与家长探讨如何防止孩子的病反复发作等问题；必要时也可以家访。须知，一个有凝聚力的集体对学生是很有吸引力的。当孩子生病几天没有来学校上学时，会非常想念同学和老师。我国著名的教育专家孙蒲远在谈到这个问题时曾说，每当生病的同学病愈后，回到班级上课时，他就会高兴地说："大家看，谁来了？他病好了，我们欢迎他能来上课啦！"并带头鼓掌欢迎。孙老师发现，老师只要带领大家这样做一次，以后孩子们就会自发地这样去做。而且同学们还会主动帮病愈的同学脱大衣、挂大衣、摆好桌椅等，让他感受到集体的温暖。

2. 高度重视孩子的活动。孩子天性好玩，郊游、野炊或课间休息都可能存在安全问题；开展体育锻炼，也有可能伤着身体。于是有的地方教育行政部门明令禁止老师带学生外出郊游，有的学校体育课取消了鞍马、铅球等科目训练，甚至不配置单、双杠等，原因只有一个：怕出事故。

面对这些因噎废食的做法，许多有识之士忧心忡忡。其实，越是怕出安全事故，这不准那不准的规定，越是窒息了孩子们原本鲜活的生命，使他们在突然面对灾难时手足无措，面对困难缺乏坚强的意志和战胜困难的信心。班主任应该明白：孩子的健康成长在于活动，没有活动，就没有生命，也就没有了教育。各种各样的活动，对于联系师生情感，培养学生的组织能力，增进学生对社会的了解，锻炼学生的身心等问题，都是非常重要的。所以，辅导员老师应该支持并积极组织学生开展各种有益身心的活动，并在活动中关注学生的人身安全。

（1）避免溺水事故。要告诉学生，外出活动时不要擅自划船、游泳；有的水塘水下情况不明，贸然下水，很容易发生安全事故。要把道理给学生讲清楚，让他们懂得珍惜自己的生命。

（2）关注交通安全。老师一定要经常提醒学生，上学和放学时要注意交通安全，不要在路上打闹，不要并排走路，不要搭乘同学的自行车，自觉遵守交通规则。活动前，大队辅导员要对中队辅导员进行安全教育的提示，做好交通安全预案。辅导员老师要深入现场勘察路况，叮嘱司机小心，特别留心火车道口、桥梁和急转弯处。乘车外出，要求学生不要干扰司机的工作，不得把头伸出车窗外，不向车厢的一个方向拥挤，在座位上坐好等等。

（3）活动中的教育。无论是大队辅导员还是中队辅导员，都免不了要组织各种各样的少先队活动，而集体活动也是容易出安全事故的重要时间节点。进行小队分组活动时，辅导员要确定有号召力的孩子担任组长，以防个别孩子独自活动而掉队。尤其要预防那种性格内向孤僻、不合群的孩子的丢失。同时，在安排活动时，要把每个细节都想好，并与队干部一同商量安全工作的具体事宜；要防止学生因在竞赛（如“夺红旗”、登山等）中产生矛盾而打架等事件的发生；要安排学生管理好活动所需要的器材和现金，以免损坏或丢失，影响活动的正常开展。如果在风景区搞活动，一定要督促队员把废物清理干净带回来，力求安全教育与环保教育相结合，让少先队员从小做到：除了脚印，什么也不留下，除了照片，什么都不带走。

（4）在中队日常管理中的教育。在小学，很多中队辅导员老师同时也是班级的班主任，在中队和班级的管理中，教育内容有很多相似的地方。辅导员老师要充分利用好每周的队会课时间，对学生进行食品安全、上下楼梯安全、体育活动安全、交通安全教育，教会孩子们几种主要的安全预防技能，如遭遇火灾、洪灾、交通事故时如何逃生与报信，遭遇歹徒时如何机智地保护自己。只有教会了孩子们必要的生存本领、保护自己的基本技能，才能真正避免和减少孩子意外安全事故的发生。

辅导员老师一定要记住：要高度重视孩子的生命安全，外出活动时要先制订好应急预案，把可能发生的事故预先告诉孩子，并用严格的纪律要求他们，无论发生什么事情，辅导员老师一定要和孩子们在一起，让孩子们心中有安全感；快乐轻松地和孩子们一起活动，不要因为你的严肃而使孩子们在活动时太紧张；学生一旦发生安全事故，你必须马上向学校领导汇报，以最快的速度把学生送进医院，并迅速通知家长；要给受伤害的孩子以最好的照顾，使之得到最好的治疗，要以最真诚友好的态度对待学生和家长。

3. 教育孩子珍爱自己的生命。

（1）首先，辅导员老师要引导队员认识生命、欣赏生命、感悟生命的伟大力量。

认识生命，感悟生命的勃勃生机。可以以小队为单位，开展“认养小动物”、“认识地球生命的起源”等活动，让孩子们在活动中感受生命的可爱，认识生命的来之不易。

欣赏生命，感悟生命的神奇与伟大。地球上每一个生命体都是以不同的形态展现在人们眼前，世界也因一个个生命的存在而丰富多彩。人只有懂得欣赏生命，感受生命的美丽，才会更好地热爱、珍惜生命。教育工作者要培养学生“面对一丛野花而怦然心动的情怀”，辅导员可以根据条件，利用春游、秋游的机会，带领学生去动物园、鸟语林、海洋生物馆或大自然中参观游览，去欣赏动植物的生命之美。还可以通过主题队会的形式，请孩子的母亲谈生育他们的艰辛与快乐，让孩子们了解自己是怎么来的，怎样长成今天这样的，使他们了解生命的神奇，感受母爱的伟大，进而培养他们对生命的崇敬之情，为自己拥有鲜活的生命而自豪。

（2）要善于引导学生尊重生命、爱护生命，热爱生命的积极的人生情感。

开展尊重生命、爱护自然的教育活动。譬如，引导孩子了解所在地区生态环境情况，认识环境遭到破坏会对人类产生什么样的危害。让孩子调查水污染的情况，认识环境污染给动植物和人类生命带来的威胁，引导孩子们查阅资料，收集和交流信息，在队会上展开讨论，使学生了解人类赖以生存的地球的生态环境正在不断恶化的情况。在孩子中间开展爱护自然、保护动物的活动，培养学生尊重生命、热爱生命的意识、情感和习惯，开展“美丽校园我来建”、“我与小鸟交朋友”、“地球就是我的家”、“香花嫩草知我心”等活动，让孩子懂得生命是伟大、神圣但又是脆弱的，需要我们的精心呵护。

让孩子懂得生命是最可贵的。生命是人类智慧、力量和一切美好情感的唯一载体。生命存在是实现人生价值和理想的前提，舍弃自己的生命或漠视他人的生命，一切都将无从谈起；轻视自己的生命，是对父母的不孝敬，是对生命本身的不负责任。因此，以大队或中队开展的生命主题教育，可以以“人的生命是最宝贵的财富”为主题，设计孩子们的活动，如，访问父母，了解自己在爸爸妈妈心中的重要性；讨论“轻生”可能产生的恶果；回忆失去亲人时的痛苦……通过活动，使学生感悟到生命只有一次，不可重复，进而认识到应该尊重与热爱自己和他人的生命。

（3）应该引导少年儿童珍惜生命，拓展生命，让生命闪耀光彩。

首先，对孩子进行有关人生的启蒙教育。在通俗易懂的贴近少年儿童心理的教育中，使学生知道，珍惜生命，首先必须使生命活得有价值，而生命只有具备了一定的价值，才显得有意义，才是幸福的人生。幸福是父母亲人给的，是别人给的，但也是劳动获得的，是在创造中获得的。要珍惜生命，就要发挥自己的生命潜能，努力为社会做奉献，同时要在生活中学会自尊、自信、自强，要保持积极进取的人生态度。要通过活动，引导孩子们明白什么是真正的幸福，体验劳动和创造的快乐，感受关心帮助他人的欣慰，让孩子在帮助他人的行动中使自己的生命崇高起来。

其次，要引导学生树立适合自己的理想。辅导员应该本着“以学生为本”的教育理念，着眼于每个学生的发展，为他们实现各自的理想提供可以成长的空间，要在教育行动中引导学生从社会发展、国家民族前途的高度去选择确立自己的理想，从自己的能力爱好出发去树立适合自己的理想。

要引导学生发现和开发自己的生命潜能。这是珍惜生命的一个十分重要的方面，可以在教育过程中悉心观察，正确引导，发现和开发学生的生命潜能。通过中队会开展“了解自己”、“展示自我”、“挑战自己”等系列活动，引导少年儿童认知自己、设计自己、自觉地开发生命潜能，增强对自我生命的认同感和自信心。

还要对孩子进行珍惜光阴的教育。让孩子懂得，人的生命是短暂的，珍惜生命必须珍惜时间。面对缺乏时间意识、效率意识和紧迫意识的孩子，辅导员要通过制订并严格执行队规、开展专题活动等形式进行教育，使孩子从小懂得惜时、守时、科学用时，养成珍惜时间、科学高效利用时间的能力和习惯。

总之，生命教育的目标一是要使学生学会珍爱生命，二是要使学生感悟生命的意义，追求人生的理想，实现人生的价值。只有实现这两个目标，才能使生物层面上的个人生命真正转化为文化层面上相对独立的、有尊严的价值主体，成为大写的“人”，从而更加欣赏生命、珍爱生命、提升生命的质量，达到健康成长的目的。

1. 辅导员怎样在少先队工作中实施健康、生命价值和安全教育呢？

2. 辅导员如何引导学生发现和开发自己的生命潜能？

扬蚂蚁精神　做阳光少年

文/王显敏

四川省雅安市雨城区第六小学是雅安市“做一个有道德的人”实践活动联系点，是“全国流动人口子女、农村留守儿童家长示范学校”、“雨城区外来务工子女就读学校”，地处城乡结合部，学生以外来务工人员的子

女、农民工子女以及近郊乡镇居民子女居多。现有在校学生558人，教学班级12个，建立少先队大队一个，中队12个，配大队辅导员1名，中队辅导员12名。针对生源特点，学校少先队工作紧紧围绕农民工子女思想引领而开展，以校园文化为依托，以主题活动为载体，通过精彩纷呈的活动陶冶队员的情操，让全体队员在活动中接受润物细无声的深刻教育。

一、以校园文化为依托的活动

学校校园文化的主题是“行知小先生蚂蚁大精神”。蚂蚁作为学校的吉祥物，深受学生的喜爱。为了让蚂蚁精神更加深入，更加鲜活，少先队有针对性地开展了许多活动：

1. 儿歌传唱活动。我们精选、改编体现蚂蚁精神的儿歌，在全校传唱，让队员们了解蚂蚁精神，学习蚂蚁精神。少先队还结合蚂蚁精神创作了系红领巾儿歌：“小蚂蚁，翻过山，爬上洞顶往下钻。”让孩子们轻松愉快地记住系红领巾的方法。

2. 争章活动。蚂蚁奖章是学校的最高荣誉奖章。专门奖给表现优秀或有特殊贡献的学生。少先队号召全体少先队员发扬蚂蚁精神，争取蚂蚁奖章，做阳光四好少年。蚂蚁奖章的设置与颁布，起到了扬正气，培养正确价值观、人生观的作用。

3. 特色中队活动。我们用不同的蚂蚁精神为中队命名。如：“勤奋的蚂蚁中队”、“永不言弃的蚂蚁中队”、“快乐的蚂蚁中队”等等。各中队结合不同的蚂蚁精神深入解读，开展中队活动。

4. 蚂蚁电视台直播活动。学校的蚂蚁电视台于每周三直播，每期节目由《文明智慧小蚂蚁》《自我保护小妙招》《轻松一下》三个栏目构成。以此形式向学生传播蚂蚁精神，传递文明言行，传授自我保护招数。

二、独具特色的主题活动

为了将爱国主义教育等思想道德教育落到实处，学校少先队还开展了丰富多彩的主题活动，积极引导农民工子女思想朝着积极、健康的方向发展，切实提高队员的道德素养。

1. 升国旗活动。学校坚持每日升国旗制度。每天清晨，国歌声准时响起，全校师生驻足而立，面向国旗方向行礼。每周一的升旗仪式都成为一次生动的爱国主义教育。

2. 主题月活动。每学期的第一个学月是“文明礼仪伴我行”主题月活动，第二个学月是“书香溢校园”读书主题月活动，第三个学月是“秀我风采”主题月活动。在“文明礼仪伴我行”活动中，每个孩子都是最好的小学生，身体力行，传递文明。在读书主题月活动中，人人读好书，营造校园浓浓的书香味，书卷气。在“秀我风采”活动中，同学们展才艺，显身手。

3. 结合重大节日、纪念日开展的活动。每年国庆节，学校开展歌咏比赛，唱红歌，颂祖国，增强学生的爱国主义热情、集体主义精神。元旦节，开展古诗文朗诵比赛，传承中国的传统文化，培养学生爱读书、读好书、热爱祖国文化的精神。清明节，开展扫墓活动，忆先烈，寄哀思，号召学生继承和发扬革命先烈的遗志，努力学习，奋发图强。儿童节，开展“扬蚂蚁精神做阳光少年”文艺活动。

4. 少年宫活动。该校的学生大多数是农村学生，他们并不缺乏智慧，他们缺乏的是接受优质教育的机会。为此，我们开展蚂蚁少年宫活动，为他们提供免费享受优质教育的机会。蚂蚁少年宫活动人人参与，自主选择。活动分为四大类，共13个项目，通过活动的开展，切实使农村孩子素质教育得到保障。

第三章 建设少先队队伍

全国少工委在2004年年底提出“全队抓基层，全队抓落实”的工作思路，并明确了“两抓”的工作内容和基本方法。一为带动，在全队兴起了抓基层，抓落实，推动工作大发展的热潮。应该说，“两抓”涉及少先队工作的各个方面，任何一个方面抓得不力，做得不实，都会影响到一个学校的大队或中队的全面活跃。同时我们也应该看到，事有轻重缓急，抓问题要抓住关键，少先队工作涉及面很广，但就学校的少先队工作来说，涵盖基层组织建设、工作机构建设、工作队伍建设、阵地建设、文化建设、少先队活动等多个方面。对大队辅导员和中队辅导员来说，我们认为最主要的是要抓好工作机构建设、工作队伍建设、阵地建设和少先队活动。

第一节 健全基层少先队组织体系

一、建立基层少工委

1984年7月，共青团中央和教育部联合在北京召开了全国少先队员和辅导员代表大会。这次会议产生了少先队工作的领导机构——中国少年先锋队全国工作委员会（以下简称全国少工委）。全国少工委的建立，是少先队发展史上完善系统领导和健全组织机构的重要一步。全国少工委建立的意义在于使少先队体系更加独立完整，少先队组织的性质更加突出，少先队工作的指导更加具体，也使少先队文化更加鲜明。《中国少年先锋队队章》指出，全国和地方各级少工委是全国和地方少先队经常性工作的领导机构，起到承上启下的关键作用。

《中共中央国务院关于进一步加强和改进未成年人思想道德建设的若干意见》指出："共青团组织和教育、民政等部门要密切协作，积极推进社区少工委建设，扩大少先队工作的覆盖面。"《中国少年先锋队队章》规定："全国和地方各级少先队工作委员会，是全国和地方少先队经常性工作的领导机构，由同级少先队代表大会选举产生。"基层少工委在城市街道和农村乡镇建立，基层少工委的组建以团委、学校、少先队组织为主，由团委书记和学校德育副校长、少先队总辅导员任主任、副主任，吸收少工委、文明办、社会事务办以及财政、公安、城建等部门团体代表参加，还要有不少于三分之一的队员代表参加。基层少工委的产生首先要由区（市、县）少工委制订出《基层少工委委员产生办法》，由相应部门推荐出候选人，最后提交基层少代会选举通过。没有条件建立基层少工委的地方，要在学校建立少先队工作组或少先队办公室，并由当地区（市、县）少工委授权学校少先队工作组或少先队办公室领导和带动学校少先队工作。

二、开好基层少代会

少先队是少年儿童自己的组织，少先队员是组织的主人翁。少先队代表大会不仅是一次大会，而且也是一个机构，是少先队的最高权力机构。少先队文化就是倡导队员的自主性，要队员今天当好少先队的主人，将来做国家的主人。

基层少代会的主要任务有：审议少先队大队委员会的工作报告，确定今后的少先队工作任务或内容；收集、讨论、整理并提交少先队工作提案；选举少先队工作委员会和少先队大队委员会；表彰优秀少先队集体和优秀少先队员；讨论并表决少先队工作的其他重大事宜。基层少代会每年举行一次。基层少代会的意义在于保障队员的民主权利，培养队员的民主精神和主人翁责任感，保证少先队工作的民主化、科学化、规范化。因此，要让广大少先队员指导少代会、关心少代会、参与到少代会的工作中。

少代会的主要工作：第一，组织中队队会，选举少代会代表，推荐大队委员候选人，让全体少先队员行使民主权利、自己当家做主，参与组织决策和组织管理。第二，发挥少代会代表的作用，在队员中广泛征集“小主人提案”，反映队员的愿望和需求。第三，把对内重大事务的决定权放在少代会上完成。第四，把少代会精神及时传达到中队，让队员知道少先队是有严密的系统领导的组织，是按民主集中制组织起来的少年儿童组织，少先队员的一切活动和自主行为都是在正确的组织原则下进行的。

少代会召开的程序分筹备工作和正式会议两部分。少代会的筹备工作尽量让队员自主，可以由高年级中队长（或其他中队委员）组成少代会筹备组。筹备组分三个小组：（1）代表资格审查组。负责到各中队调查代表是否通过民主选举，是否在中队公示；负责“小主人提案”的收集、整理。（2）会务准备组。负责会议的宣传、会场布置等。（3）文件准备组。负责少先队工作报告、表彰文件的撰写等。

正式会议主要包括队会仪式、献词、致贺词、工作报告、讨论工作报告和“小主人提案”、选举、表决、表彰等环节。基层少代会一定要以队员为主并筹备、组织和召开。

三、建好大、中、小队组织

少先队大、中、小队组织要按《中国少年先锋队队章》规定组建。少先队大、中、小队组织要按《中国少年先锋队队章》规定设置岗位。

1. 少先队大队由两个以上的中队组成。大队成立大队委员会。由7～13人组成。大队委员可以根据工作需要，设队长、副队长、旗手和学习、劳动、文娱、体育、组织、宣传等委员；大队干部每届任期为一个学年。大队建设要做到有组织、有辅导员、有活动、有阵地、有制度。大队部的队室要有明显的大队标志牌，标志牌的字样："中国少年先锋队××小学大队"。有的少先队队室前面贴着"大队部"的标志牌，这是不规范的，少先队没有"大队部"这样的一个机构。大队委员会的主要工作有：管理队籍和《队员登记表》，倡导和组织开展队的活动，每学期组织两次大队集会或列队仪式；考核中队工作，提出并表彰优秀少先队员和优秀少先队集体，颁发雏鹰奖章；开展好文明岗、服务岗的工作，管理和使用好少先队阵地；组织开展红领巾社团活动和兴趣小组活动，管理"假日小队"。

2. 少先队中队和中队委员会。学校以教学班为单位建立中队，中队由两个以上的小队组成。中队成立中队委员会，由3~7人组成。中队委员会可以根据工作的需要，设队长、副队长、旗手和学习、劳动、文娱、体育、组织、宣传等委员；中队干部每届任期为一个学期。中队建设要做到组织好、活动好、阵地好，中队要聘请兼职辅导员，兼职辅导员一般由任课教师担任。中队要有自己的名称，教室要有明显的中队标志牌，标志牌字样"××中队"，底下落款为"中国少年先锋队××大队"。

中队委员会的主要工作有：管理、登记《光荣簿》和《生活簿》，提出中队奋斗目标，并张贴在墙上；组织开展中、小队活动，每月至少有一次中队队会仪式；管理中队板报、园地、红领巾角等阵地。

3. 少先队小队。小队由5~13人组成，设正副小队长；小队干部每届任期为一个学期，也可以一月一轮换。小队建设要遵循"自愿组合、合理编队、自取队名、自定目标、经常活动、建立阵地、辅导员自聘"的原则。小队每周开展一次活动。小队每周召开一次民主生活会，民主生活会用于队员开展批评和自我批评，处理队员之间的矛盾和纠纷，讨论小队工作和小队活动如何开展。

基层（学校）少先队工作由基层少工委部署，没有建立基层少工委的地方由上级（一般指县、市、区少工委）部署；基层少先队工作由学校少先队办公室（根据少代会决议）布置安排。布置安排少先队工作一定要征求学校的意见，得到学校的支持。基层少先队活动、少先队队务由少先队大队委员会倡导、组织和具体执行，少先队阵地由少先队大队委员会管理，少先队制度由少先队组织制订。表彰优秀少先队员可以由团委、学校、少先队共同表彰，也可以由团委、少工委单独表彰，但学校不能单独表彰；“雏鹰奖章”由少先队大队委员会颁发。有些学校少先队以“少先队大队部”的名义发文、行事，这是不规范的做法，因为基层少先队没有“大队部”这一机构。有的学校用“宣传部长”、“劳动部长”等来代替大队委员会委员，这也是违反《中国少年先锋队队章》的做法。

1. 如何健全基层少先队组织体系？

2. 少先队大队委员会和中队、小队的主要工作各有哪些？

笑笑老师提问

少先队鼓乐队的组建及训练

文/何易

少先队鼓乐队又称鼓号队，是少先队不可缺少的组成部分，它能形成符合少儿特点的教育环境，使少先队员们受到集体主义教育和美的熏陶。

一、组织鼓乐队的意义

1. 鼓乐队是对少先队员进行教育的一种手段。在组织与训练鼓乐队队员的活动中，需要队员们协同动作、相互配合，从而培养队员们的集体主义精神和遵守纪律的习惯。鼓乐队认真的演奏，能使少先队员产生一种庄严的自豪感，增加对组织、对生活的热爱。

2. 鼓乐队可以使队员们受到美的熏陶，陶冶美的情操。在少先队的集会上，戴着鲜艳红领巾的少先队员，在星星火炬旗帜下，伴随着庄严的少先队鼓乐声行进时，内心会产生一种神圣的感觉。这是一种巨大的精神力量，对孩子们的影响特别强烈，能激发他们的思想、情感，使之升华到一个崇高的境界。

3. 鼓乐队可以使少先队员增长音乐知识，发现和培养音乐人才。不管是管乐还是鼓乐，都必须有一定的器乐演奏能力，可以借此培养学生的音乐特长。

二、鼓乐队的组成和规模

少先队鼓乐队一般由5种乐器组成：大军鼓：音响巨大，构成整个乐队演奏的骨架；小军鼓：音响密集，用以充填节奏；大、小镲：与大、小军鼓同步，为鼓乐演奏添加辉煌的金属撞击音色；号：担当全部旋律声部的演奏任务。

少先队鼓乐队的规模可大可小，下列编制表供参考：

分类	大鼓	小鼓	大、小镲	乐队	指挥	合计人数
小型	2-3	6	2-3	10	1	16-20
中型	6-7	14	6-7	21	1	50
大型	10	40	10	40	1	101

三、鼓乐队队员的选择

四五年级学生最佳。

鼓（镲）手：

1. 音乐感觉好，节奏反应敏锐。

2. 身体好，没有生理缺陷，身高相差不宜过大。

3. 学习成绩中等以上。

4. 大鼓大镲以体魄健壮的男同学为宜，小鼓以心灵手巧的女同学为宜。（实际操作中一般为男女生各一半）

号手：

号手的条件和鼓乐队队员的条件大致相同，但还应注意以下几点：

1. 吹号时的肺活量需求较大，所以身体素质要好。铜管乐器一般以男生为主，木管乐器男女生均可。

2. 铜管乐器的发音主要取决于嘴唇的振动，所以，如小号的吹奏，应尽可能地选择薄型嘴唇的同学。

3. 前牙齿是号的重要发音部位之一，因此，不应考虑那些门牙患有明显毛病（如掉牙、矫牙等）的同学。

指挥：

1. 演奏水平较高，聪明好学，乐感较强，具有一定的组织能力和应变能力，最好是学过音乐特长的。

2. 能迅速掌握所有乐器的一般演奏技巧。熟悉各声部分谱，并能掌握节奏。

3. 对速度的控制，反应良好。

4. 身体素质较好。

四、鼓点节奏

大鼓（镲）：

X X | X 0 | X X | X 0 | X X | X 0 | X X X | X 0 ‖

小鼓：

左：

X X | X 0 | X X | X 0 | X X | X 0 | X X X | X 0 ‖

右:

<u>XX</u> <u>XX</u> | <u>XX</u> <u>XX</u> | <u>XX</u> <u>XX</u> | <u>XX</u> <u>XX</u> | <u>XX</u> <u>XX</u> | X 0 ‖

五、演奏姿势和练习方法

1. 大鼓的演奏姿势

将背带套在双肩，用小钩子挂在大鼓的铁环上，背带松紧适度，使行走时双腿不会碰到鼓身。

自然立正站好，双脚分开与肩同宽，两眼平视看指挥；右手握鼓槌，左手扶住大鼓防止鼓身摇晃。

大鼓敲击方法有3种：

（1）下击法：右手握槌的挥击方向由上往下成一弧线，敲击在鼓面中央部位，敲击后右手继续往下后方摆动。一般用在二四拍的第一拍（强拍）上。

（2）上挑击法：这是下击法回返，从下后方到上方成一弧线。一般在二四拍的第二拍（弱拍）上。

（3）平击法：平击时鼓槌与敲击点平行，离鼓面20厘米即可，连续敲击两下。一般用在两个八分音符连在一起时。平击法要利用手腕、小臂的动作。

2. 大镲的演奏姿势

左手托住一面镲，倾斜45度角，镲面朝右上方，左臂自然弯曲，将镲置于胸前。右手握另一面镲，镲面朝左下方，右臂挥动时由小臂带动大臂动作不能僵硬。双眼平视指挥。

大镲的敲击方法也有3种：

（1）下击法：右手握一面镲由左上方向右下方摆动，对击后继续向右下方摆动，左手动作往左上方的摆动不应过大。

（2）上击法：是完成下击法动作后的反方向对击。

（3）平击法：两镲相距10厘米至20厘米的连续平击。

无论何种击法，两镲接触的时间要短，不要把音捂死，要使两面镲都充分地震动，把音发出来。

3. 小鼓的演奏姿势

将背带从右臂和头上套过，斜挂在左肩然后背带上的小挂钩挂住鼓上的挂鼻儿，利用背带的松紧来调整小军鼓在胸前的高度。小鼓鼓面往右倾斜10度至20度，高低以能使双臂自然弯曲、双手自然敲击为准。演奏时，双目平视前方，立正站好。左右手各持一根小鼓槌，双臂自然向外。略呈“八字”形。

持鼓槌的手法和方法是：右手呈直握东西的手形去握住小鼓槌后三分之一处（槌棒圈槽处），左手呈持笔写字的手形去握住小鼓槌后三分之一处。其优点是：左、右手击奏时强弱变化表达良好，也有一定的演奏持久力。敲击时要充分利用手指，手腕动作灵活，富有弹性。

4. 小镲的演奏姿势和方法

小镲的演奏方法是：队员左、右手各持一面小镲，将镲放在胸前衣服第三个纽扣位置前方约20厘米处，左、右来回合击。练习时，要借用合击小镲时产生反弹力，使小镲演奏出活泼悦耳充满生机的音响效果。

六、乐队介绍

乐器分类（一般情况）

	总数	小号	黑管	长笛	长号	圆号	中音号
大型	40	10	5	5	5	5	10
中小型	21	7	3–4	3–4	7		

七、注意事项

1. 训练要坚持。乐队平时由学生自己安排练习，鼓队每周至少练习1～2次，每周至少安排鼓队和乐队合练一次，以保证效果。

2. 后备力量要抓好。在抓好正常训练的同时，要注意后备学生的练习，在三四年级中选取一些同学，进行鼓队和乐队的练习，等前面的同学毕业或离校时及时补充新队员。

3. 要有替补队员。在表演和比赛时，要在各种乐器中准备1～2名替补队员，以防止有学生临时缺席能及时补充，保证演奏的质量。

八、服装

1. 专用鼓号队制服：价格高、用得少

2. 现代时尚型：可租用、也可定制

3. 校服：整齐、实用

第二节　规范和完善少先队组织行为

发展少先队组织

《队章》规定："凡是6周岁到14周岁的少年儿童，愿意参加少先队，愿意遵守队章，向所在学校少先队组织提出申请，经过批准，就成为队员。"这个规定体现了中国共产党建立少先队的宗旨，就是要把广大少年儿童吸收到组织里来接受教育。所以，新学年一开始，发展新队员的工作就要在学校新生中进行。很多刚开始从事少先队工作的辅导员，将会面对队前教育、建立中队、新队员入队、少先队队伍常规管理等问题，下面将介绍和这些工作相关的一些规定和做法。

队前教育。学校少先队组织可以组织高年级中队与一年级班级结成友谊班队，由高年级队员担任小辅导员，对小学新生进行"入队前的教育"。由高年级的队员给小学新生上队前教育课，内容为"六知四会一做"，即，让新生知道少先队的队名、队旗、红领巾、队礼的含义，知道少先队的领导者和队的作风；让新生会戴红领巾，会行队礼，会跟唱队歌，会呼号。引导新生入队前做一件公益事。队前教育的形式有讲解（队的知识），训练（队的礼仪）、观摩（队的活动），参观（队室）。

第一课时　认识光荣的少先队

活动目的：组织新生学习、熟悉有关少先队的知识，即知道队名，知道红领巾、队旗、队徽、队礼的意义，知道呼号和少先队宣誓的内容，知道党、团、队组织的一脉相承的基本意义。

活动组织者：各中队辅导员

活动准备：国旗、党旗、团旗、队旗、队徽、红领巾

活动过程：

一、认识红领巾及其含义

辅导员：（出示红领巾）孩子们，你们知道这是什么吗？谁想用小手来摸摸它？

学　生：（看着红领巾，用自己的小手抚摸）

辅导员：你们知道红领巾为什么是红色的吗？

学　生：（回答）

辅导员：红领巾是少先队员的标志，它代表红旗的一角，是用革命先烈的鲜血染成的。你们知道为什么说："红领巾是革命先烈的鲜血染成的"呢？我给大家讲个故事。（"董存瑞炸碉堡"等革命故事）

同学们，刚才老师讲了董存瑞的故事，你们还知道哪些革命先烈？

学　生：（讲讲先烈故事）

辅导员：（小结）为了让人民能过上幸福的生活，许许多多革命先烈英勇牺牲了。"红领巾是用革命先烈的鲜血染成"是一种打比方的说法，意思是说今天的幸福生活是革命先烈用鲜血和生命换来的，随着年龄的增长，你们会更加地理解这句话的。（拿起红领巾）少先队员戴红领巾，一方面是为了纪念革命先烈们，更重要的是用红领巾来激励我们，要珍惜今天来之不易

的幸福生活，发扬革命先烈的精神，继承革命先烈的事业，好好学习，全面发展，早日成为祖国建设的有用人才。再过不久，你们就会戴上鲜艳的红领巾，加入中国少年先锋队，成为一名光荣的少先队员了。佩戴上红领巾就要爱护它，为它增添新的荣誉。你们愿意吗？

学　生：愿意。

二、了解中国少年先锋队的含义，并认识党旗、国旗、团旗

辅导员：今天，老师给你们讲讲什么是中国少年先锋队。中国少年先锋队是以先锋命名的，同学们，你们知道先锋的意思吗？

学　生：（回答）

辅导员：先锋是指开辟道路的人，为了人民的利益走在前面的人。如毛泽东主席、周恩来总理等老一辈革命家。作为一名少先队员，要以先锋为榜样，继承他们的事业，为我们的祖国做出自己的贡献。中国少年先锋队是中国少年儿童的群众组织，是少年儿童学习共产主义的学校，是建设社会主义和共产主义的预备队。它是由中国共产党创立的，由中国共产党委托中国共产主义青年团领导。

辅导员：（出示党旗、国旗、团旗，并分别介绍旗帜图案构成的意义。）

学　生：（认识党旗、国旗、团旗，同桌互相讲述）

三、认识队旗及其含义，并学习敬少先队队礼

辅导员：（出示队旗）同学们，五角星加火炬的红旗是中国少年先锋队队旗。

1.这是大队旗，高为90厘米，长为120厘米，旗中心有黄色五角星及火炬。

2.这是中队旗，高为60厘米，长为80厘米，一端剪去高为20厘米、底宽为60厘米的等腰三角形，形成一个三角缺口。

辅导员：请同学们比较一下，大队旗和中队旗有哪些相同的地方？（辅导员根据学生的回答解释：五角星代表中国共产党的领导，火炬象征光明，

红旗象征革命胜利）队旗寓意着在中国共产党的领导下，向着光明的未来前进。少先队的队旗是少先队组织的标志。

学　生：（回答）

辅导员：请同学们比较一下，大队旗和中队旗有什么不同的地方？

学　生：中队旗比大队旗少了一角。

辅导员：中队旗少的一角像什么？

学　生：中队旗少的这一角像红领巾，红领巾是红旗的一角。

辅导员：（出示队徽）

3. 在队徽上也有五角星和火炬的图案，这是中国少年先锋队队徽。五角星加火炬和写有“中国少先队”的红色绶带组成我们的队徽。队旗和队徽都是少先队的象征，我们要爱护队旗队徽。

辅导员：作为少先队员，要热爱自己的队旗，在举行集会、队旗出场和退场时，队员应严肃、立正并敬礼。敬队礼时要注意：右手五指并拢，从胸前高举至头上。它表示人民的利益高于一切。

辅导员：什么是“人民的利益高于一切”呢？老师给你们讲这样一件事。（讲《草原英雄小姐妹》的故事）

同学们，听了《草原英雄小姐妹》的故事，你想说什么？

学　生：（回答）

辅导员：（小结）龙梅和玉蓉不顾一切保护羊群，她们把人民的事情看得比什么都重要，这就是“人民的利益高于一切”。我们也要向她们学习，努力做到这一点。

辅导员：现在老师教大家敬队礼（整体）。请同学先认真看老师敬队礼。（敬队礼要用右手，就是写字的那只手。立正站好，双手五指并拢。抬起右臂和肩膀一样高，手向头顶移动到距离额头一拳的位置，手与小臂形成一条直线，手腕不能打弯，手心向着左下前3个方向倾斜，大拇指和其他4个手指之间不留缝隙，敬礼完毕再沿着敬礼的路线放下手）让我们一起来敬少先队队礼，看谁敬的队礼最标准。（选择3～5名学生上台示范，动作不规范

的学生，辅导员老师要个别指导）

学　生：（敬礼）

辅导员：（播放《中国少年先锋队队歌》）同学们，你们听，嘹亮的《中国少年先锋队队歌》已经唱响，让我们在鲜艳的队旗下庄严地敬一个队礼。（敬礼　礼毕）

学　生：（听队歌，敬队礼）

四、在辅导员带领下呼号

辅导员：面对着鲜艳的队旗，让我们在队旗下庄严宣誓（举起右拳，掌心朝前，高举于耳边。辅导员领读一句，学生跟读一句）：我是中国少年先锋队队员，我在队旗下宣誓：我热爱中国共产党，热爱祖国，热爱人民，好好学习，好好锻炼，准备着，为共产主义事业贡献力量！

辅导员领呼："准备着，为共产主义事业而奋斗！"

学　生：（回答）"时刻准备着！"

五、活动结束语

辅导员：时间过得真快，短短的40分钟就要到了。这节课我们了解了中国少年先锋队的基本知识，虽然你们现在还不是少先队员，但老师相信你们经过自己的努力，一定能成为一名合格的少先队员的。

第二课时　走进光荣的少先队

活动目的：组织安排新同学参观大队部，了解少先队的历史和少先队组织制度，大、中、小队构建和队干部选举及职责等相关少先队知识。

活动组织者：大队辅导员

活动准备：布置大队部

活动过程：

一、了解少先队的历史

活动导语

辅导员： 同学们，上节课我们了解了中国少年先锋队的基本知识，你们想不想知道少先队组织是怎样发展的？想了解一下吗？

学　生： 想。

辅导员： 早在90年前，中国共产党创建了第一个少儿革命组织叫安源儿童团。随后在北伐战争时期，中国共产党建立了劳动童子团。土地革命时期，中国共产党发展了共产主义儿童团。抗日战争时期，中国共产党发展了抗日儿童团组织。解放战争时期，中国共产党建立了儿童团。新中国成立后的1949年10月13日，中国共产党创建了全国统一的少儿组织——中国少年儿童队。1953年6月改名为中国少年先锋队。（可出示一些当时的儿童团图片）

辅导员： 在当时，这些组织的团员和你们的年龄差不多，你们可别看他们年龄小，他们的本领可大了。解放战争时期的少先队、儿童团开展了军事操练、站岗放哨、救护伤员等活动。他们还巧入敌人心脏，刺探情报提供给解放军，侦察敌情抓敌人，站岗放哨送书信。新中国的中国少年先锋队继承了革命战争年代儿童团的优良传统，在党团的领导下，以“时刻准备着，为共产主义事业而奋斗”作为自己的呼号，投入了火热的革命和生产学习中去。你们有决心做到吗？

学　生： 有。

二、了解队组织机构

辅导员： 我们学校就像一个大家庭，我们把它叫作大队，我就是你们的大队辅导员。每个班就是一个中队，班主任就是中队辅导员。辅导员老师会像妈妈一样关心爱护你们。

每个中队分设各个小队。小队由5～13人组成，设正副小队长。

中队成立中队委员会，由3～7人组成。大队成立大队委员会，由7～13人组成。小队长和中队、大队委员会都由队员选举产生，半年或一年选举一次。

大队和中队委员会设队长、副队长、旗手和学习、劳动、文娱、体育、组织、宣传等委员。佩戴队干部标志，队员们感到的不仅是光荣，更多的是责任。

三、了解少先队活动

辅导员：在这个大家庭中，我们会不断地增长知识和本领。少先队会定时举行队会，组织参观、访问、野营、旅行、故事会，开展文化科学、娱乐游戏、军事体育等各种有意义有趣味的活动，以及参加力所能及的公益劳动和社会实践。你们愿意参加吗？

学　生：愿意。

辅导员：少先队举行大、中队主题活动，以及夏令营入营式等活动时，都要举行队会仪式。大队活动时，各中队长要依次向大队长报告人数，再由大队长向大队辅导员报告出席人数，同时邀请辅导员参加活动。

四、活动结束语

辅导员：今天，我们了解了光荣的少先队历史，相信此时你们内心已经有了不小的震撼。从现在开始，我们就应该以一名合格的少先队员来要求自己，不辜负爸爸、妈妈、老师对我们的期望。同学们，你们知道什么是“四好少年”吗？

学　生：（回答）

辅导员：让我们积极行动起来，争当热爱祖国、理想远大的好少年，勤奋学习、追求上进的好少年，品德优良、团结友爱的好少年，体魄强健、活泼开朗的好少年。同学们，让我们朝着自己的目标一起努力吧！

第三课时　热爱光荣的少先队

活动目的：深入学会6项技能，即会系戴和保管红领巾，会正确行队礼，会响亮回答队的呼号，会唱队歌，会写入队申请书，会读入队誓词。

活动组织者：大队委

活动准备：红领巾、队歌、入队誓词

活动过程：

一、学习佩戴红领巾

活动导语

大队委：小伙伴们，你们好，我是××中队的大队委，我叫××，今天很高兴能为××中队的伙伴们介绍我们的队组织，帮助你们进一步认识少先队。希望我们能成为好朋友。

队　员：（自我介绍）

大队委：你们别看我年龄小，我今年已经有×年的队龄了。今天我就先来教教大家如何佩戴红领巾。

红领巾是中国少年先锋队的标志。它是红旗的一角，是革命先烈的鲜血染成的。每个队员都应该佩戴它和爱护它，为它增添新的荣誉。现在就让我们拿起手中的红领巾，让鲜艳的红领巾在我们的胸前飘动吧！（选择佩戴标准的队员上台，佩戴不标准的个别指导。）

队　员：（佩戴红领巾）

大队委：队员经常佩戴红领巾是珍惜少先队员荣誉、热爱自己组织的表现。《队章》规定每个队员都应该佩戴好红领巾。只有以下几种情况可以不佩戴：天气炎热、参加体育活动、参加劳动、在家里休息。夏季戴与不戴红领巾，要听从本校大队委员会的统一要求。但是无论什么季节与天气，凡是参加少先队集会、活动、仪式以及重要节日、纪念日都必须佩戴红领巾。

二、学习敬队礼

大队委：鲜艳的红领巾已经在我们的胸前飘动起了，接下来让我们一起学习敬队礼。敬少先队队礼时，右手五指并拢，手经胸前，一次到位，高额一拳，手与小臂成直线，手心向着左下前，拇指不要留缝隙，胳膊不要挡着脸，敬礼至少敬两秒。它表示人民的利益高于一切。（敬礼 礼毕）（选择队礼标准的队员上台，不标准的个别指导。）

队　员：（敬队礼）

大队委：你们知道什么时候敬队礼吗？

队　员：（回答）

大队委：少先队员在升国旗时，队旗出场和退场时，在烈士墓前扫墓时都应当敬队礼。在集会前列队、行进、检阅时，由大、中、小队长敬队礼，队员立正或注目致敬。在其他场合中遇到师长时，队员也要行队礼。

三、入队誓词

大队委：学会了佩戴红领巾和敬少先队队礼，还不能成为一名真正的少先队员，我们还要用自己响亮的声音在队旗下庄严宣誓：我是中国少年先锋队队员，我在队旗下宣誓：我热爱中国共产党，热爱祖国，热爱人民，好好学习，好好锻炼，准备着：为共产主义事业贡献力量！

少先队集会时，要在辅导员的带领下呼号。

呼号的基本动作要领：呼号时右手握拳，拳在头侧。（大队委示范动作，观察不正确的动作，要及时纠正。）

队　员：（学习呼号动作）

四、新队员填写入队申请表

队章规定：凡是愿意参加少先队，愿意遵守《队章》，向所在学校少先队组织提出申请。

五、活动结束语

大队委：真心希望小伙伴们一起加入到中国少年先锋队组织，成为光荣的少先队员，严格要求自己，用实际行动为红领巾增添光彩。让我们在嘹亮的《中国少年先锋队队歌》声中结束今天的队前教育课。

第四课时　新队员入队

一、写入队申请书

中国少年先锋队入队申请书

我是×××小学×年级小学生，我要求加入中国少年先锋队。我要听党的话。我知道红领巾是国旗的一角，是革命烈士的鲜血染成的。我戴上红领巾，要为红领巾增添荣誉。

申请人：

×年×月×日

备注：

1. 请家长或中队辅导员指导，学生亲笔填写。（铅笔或碳素笔都可以）

2. 请孩子把申请书熟读，它将激励你的一生。

二、新队员入队

一年级新生口头向高年级中队队员提出申请，经高年级中队委批准就能入队。由于一年级还没有建立少先队中、小队组织，也没有正式聘请辅导员，所以，学校少先队组织（大队）委托或授权高年级中队和中队队员对一年级学生进行队前教育，帮助一年级班队建队。另外，一年级新生刚刚进入学校学习，还不能自己写《入队申请书》，所以只要“口头向高年级中队同学提出申请，表达入队愿望”，就可以批准入队了。

有的辅导员用“观察一段时间”为借口，用“学习成绩”不好的理由来拖延或延阻一年级新生入队，这是违反《中国少年先锋队队章》的做法。是对党建立少先队宗旨的不理解，也是对少先队组织的不尊重。

高年级中队队员要帮助新队员填写《队员登记表》，聘请中队辅导员后，中队辅导员要为新队员建立《成长记录袋》，大队要张贴新队员“光荣榜”。

在建队日前后，要由少先队大队组织新队员集体入队，举行集体入队仪式。在入队仪式上正式聘请中队辅导员。

附：少先队入队仪式一般程序

预备部分：新老队员配对排列，新队员手捧红领巾，整队。

正式部分：

1. 大队长口令：全体立正！出旗！敬礼！（奏出旗曲；新队员行注目礼，老队员行队礼，中队旗手行端旗礼；队旗停在大队长的左面）

2. 唱队歌。

3. 大队长讲话。（热情洋溢的主持词）

4. 宣布新队员名单。（大队组织委员或副大队长宣布，人数太多只宣布批准文件和人数。）

5. 为新队员佩戴标志。（老队员为新队员佩戴红领巾，戴完后互敬队礼。）

6. 宣誓。（大队旗手端旗，大队辅导员领导宣誓。）

7. 聘请辅导员，向中队辅导员颁发聘书。（可由地方团委负责人、学校负责人或大队辅导员颁发。）

8. 大队辅导员讲话。（或请学校、团委、少工委领导讲话）

9. 呼号。（大队辅导员、领导呼号）

10. 退旗。（奏退旗曲、新老队员互敬队礼）

11. 仪式结束。

补充：队员升入三年级时，要由大队或中队举行补写入队申请书、重温入队誓词的活动。

三、建立新中队

一年级新队员在辅导员和高年级中队队员的指导下，建立小队，选举队长；在辅导员和高年级中队队员指导下，选举中队委员会。

一二年级时少先队中队队名用“××年级第×中队”，队员上三年级时，要集体为自己的中队取一个队名。

一年级中队组织健全后要举行授旗仪式，授旗仪式一般由少先队大队组织举行。

附：少先队授旗仪式

预备部分：新建中队整队；高年级中队旗手执旗站在出旗的位置，新中队旗手站在出旗后的位置。

正式部分：

1. 大队长口令：全体立正！出旗！敬礼！（奏出旗曲；队员行注目礼；旗手行端旗礼）

2. 唱队歌。

3. 大队长讲话。（热情洋溢的主持词）

4. 宣布批准的新中队及队名。（大队组织委员或副大队长宣布）

5. 授旗。（高年级中队旗手右手提旗于胸前，左手在右手下30厘米握旗杆，双手向前伸直，出列右转面向高年级中队中队长，高年级中队中队长接过队旗后，高年级中队旗手离开队列；高年级中队中队长将队旗交与新中队中队长，然后离开队列；新中队中队长双手接过队旗，向前伸直，左转面向队员展示队旗约5秒钟；新中队旗手出列左转，新中队中队长右转，将队旗交给新中队旗手，新中队旗手双手接过队旗，向前伸直，原路退回旗手位置，换右手执旗。）

6. 大队辅导员讲话。（讲解队旗的来历及珍惜集体荣誉等）

7. 呼号。

8. 退旗。（奏退旗曲、队员敬队礼，旗手行端旗礼）

9. 仪式结束。

四、队干部选举和培训

少先队干部实行轮换制，每一个队员都有机会成为少先队干部；担任少先队干部的主要意义是为少先队组织服务，为队员服务。

必须明确，少先队干部选举是少先队组织生活的范畴，不是活动，更不是游戏。选举队干部的方式很多，虽然可以创新出少年儿童喜爱的方式，但是，队干部选举应该是一项严肃的工作，是少年儿童学习民主生活、理解权利和义务的开始，队干部选举不能“儿戏”。尤其在实行队干部轮换制后，选举要按照“规则”进行，既要遵照《队干部选举制度》，通过选举让队员初步懂得社会生活需要遵循“游戏规则”，初步学习民主集中的组织生活原则。特别提醒不要滥用竞选的方式，不要用无序的竞争代替有序的组织生活。

小队干部的选举在小队民主生活中进行；中队干部的选举先由各小队提出候选人，然后投票表决或举手通过；大队干部的选举先由各中队选出候选人，再提交学校少代会选举通过。

队干部的培训是少先队的一项重要工作，队干部的培训方式有两种，一是以会代培，二是工作培训。

由于少先队队干部实行轮换制，队干部培训应该成为经常性的工作。队干部培训的主要内容有：（1）少先队的基本知识，少先队在少年儿童生活和活动中的作用。（2）队干部的职责和所要做的工作，基本的工作方法。（3）设计和组织开展大、中队活动。

队长学校是少先队有效的培训方式，由大队辅导员定期对大队干部和中、小队干部进行培训，每期不少于4次。中队辅导员也要定期对本中队中、小队干部进行培训。内容围绕少先队工作，根据不同学生的特点，在培训内容上可以有针对性的安排。

五、离队工作

年满14周岁的队员可以提出离队。

队员在离队前要上一次团课。

大队委要做好超龄队员的离队登记工作，适时由少先队大队举行离队仪式。

附：少先队离队仪式

预备部分：老队员整队

正式部分：

1. 大队长口令：全体立正！出旗！敬礼！（奏出旗曲；队员行注目礼）
2. 唱队歌。
3. 宣布离队队员名单。（大队辅导员宣布，只宣布批准文件号和人数）
4. 赠送离队纪念品。（将《队员登记表》和红领巾交离队队员保存）
5. 离队队员代表讲话。
6. 团委（支部）代表讲话。
7. 宣誓。（离队队员代表或团委、支部代表领导宣誓）
8. 退旗。（奏退旗曲、离队队员行注目礼）。
9. 仪式结束。

1. 辅导员如何面对队前教育、建立中队、新队员入队、少先队队伍常规管理等问题？

2. 如何进行队干部的选举和培训？

笑笑老师提问

“快乐阳光中队”在行动

文/程晓波

在四川省宜宾市翠屏区金坪镇中心校，有这样一个中队，同学间团结友爱、学习上积极进取、生活中自信阳光——这就是金坪镇中心校“快乐阳光中队”。

金坪镇中心校“快乐阳光中队”开展了许多生动活泼、形式多样、内容丰富充实、健康有益的活动，并取得了可喜的成绩。小小年纪的队员们，已经在不同的舞台展示出他们的才华。少先队员们每一次活动的准备过程，就是他们勤奋努力、拼搏向上的历练过程，不管成功与失败，对每一个孩子的成长都起到不可估量的积极作用。

培养良好的学习和生活习惯是教育的前提，发展学生的特长和能力是目的，两者都需要通过中队活动才能实现。作为中队辅导员，应该确立明确的活动目标，适时开展主题鲜明、时代性强、寓教于乐的班队活动。并在活动中争取家长的支持，从材料准备、经费、安全等方面，事先做好与家长的沟通工作，争取家长的理解与配合。这样，我们的班队活动就会更好地开展。队员们在活动中，将会自尊自信、团结互助、上进拼搏、热爱感恩……通过这些活动，队员们不断地努力，不断地超越自己，从而感受到自己的进步，并体会到成长快乐，这就是——“快乐阳光中队”！

生命如花，安全第一。在“珍爱生命、预防溺水”主题班会上，队员们学习相关安全知识，签订安全责任承诺书，举行“珍爱生命、安全伴我行”集体签字仪式。

我们的琅琅读书声穿透废墟尘烟，我们的双手挽起受伤的伙伴，生命的烛光照耀平安的路，我们的肩膀撑起明天的家园——队员们在学校艺术节演唱《英雄少年》。

环境是我家，热爱靠大家。队员们积极参与城乡环境综合治理，不怕脏，不怕累，从小养成热爱劳动的好习惯。

说普通话，写规范字。队员们进行每周一次的书法练习，良好的书写习惯正在逐步养成。

“人间芳菲四月天”——队员们在辅导员老师的带领下，在野外写生。

“登山绝顶我为峰”——登山活动中，队员们互相帮助、互相鼓励，顽强攀登，这是队员们爬上山顶时的欢乐情景。

“白雪公主与七个小矮人”——课本剧是队员们最喜欢的节目。小小年纪的他们，走进剧情里，表演起来入情入境，绘声绘色，充分体现了队员们的表演天赋。

快乐的童年、美好的理想，我们的羽翼将会日渐丰满！——“童年的梦”诗歌朗诵。

巍峨挺拔的黄桷树，枝繁叶茂、昂首云天。据说，千年的古树富有灵性，我们要像古树那样不畏严寒，不畏酷暑，顽强地生长，让我们的人生处处展现亮丽的风景。

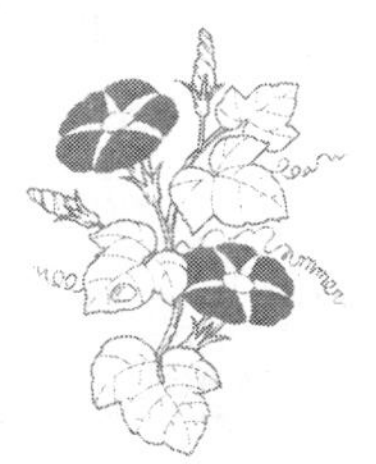

第四章 管理少先队队伍

管理是社会组织中为了实现预期的目标，以人为中心进行的协调活动。它包括四层含义：一是管理是为了实现组织未来目标的活动；二是管理的工作本质是协调；三是管理工作存在于组织中；四是管理工作的重点是对人进行管理。管理就是制订、执行、检查和改进。制订就是制订计划（或规定、规范、标准、法规等）；执行就是按照计划去做，即实施；检查就是将执行的过程或结果与计划进行对比，总结出经验，找出差距；改进首先是推广通过检查总结出的经验，将经验转变为长效机制或新的规定，然后针对检查发现的问题进行纠正，制订纠正、预防措施。

现代社会的每一个人都处在一种管理和被管理的状态之中。少先队是少年儿童的组织，是少年儿童生活学习的集体，它集中反映了社会、学校、家庭等对学生的影响和要求。简单地说，中队或大队是由少先队员和辅导员组成的集体，这个集体为了实现一定的教育目标，以队员为主体，以学习活动为基础，以队员间、师生间的交往为纽带建立起来的社会组织体系。在这个社会组织体系中也必然需要建立一定的规章制度，并利用各种要素组织学生群体或个体开展活动，这就是少先队组织管理的必然性。

第一节 确立明确的发展目标

大队或中队作为一个群体，应该有特定的目标。它的性质、方向及发展水平首先取决于一定的目标系统和任务结构。集体发展目标既是社会需要在集体的传导和折射，又是集体成员对共同活动预期结果的期望。

一、确立队集体的奋斗目标，凝聚队集体的力量

有一个共同的奋斗目标，这是少先队集体（大队或中队）管理的基本条件。教育学家马卡连柯指出：集体的生存方式就是向前行进，它的死亡方式就是停滞。队集体应该是一个活生生的有机体。要使其永葆青春、向前行进，就必须向中队队员提出奋斗目标，使每个队员都有“奔头”。队集体目标是全体队员通过共同奋斗所要达到的结果，也是队集体形成的基础，它具有极大的吸引力，能使队员对集体生活充满信心，产生凝聚作用，增加集体的向心力，使队员的积极性得到充分发挥。有了目标，集体就有了灵魂，有了前进的方向和动力。在目标指引下，集体中的成员按照目标的要求控制，调整自己的行为方式，使自己成为集体需要的人。因此，有经验的大队辅导员或中队辅导员总是在队集体组建之初，就注重了解队员的情况，确立集体的奋斗目标，并以目标为纽带，创建良好的队集体。

1. 确立队集体奋斗发展的原则。

（1）方向性原则。少先队大队的奋斗目标是全体辅导员和少先队员共同努力的方向。是全队统一认识和行动的纲领，是少先队根本任务和学校培养目标在队集体建设中的体现，也是少先队员身心发展水平的反映，因此，确立队集体奋斗目标一定要考虑到方向性。由于目标方向与管理教育有着密切的关系，所以目标方向正确，工作效率高，管理效能就高；反之，目标方向错了，工作效率越高，损失就越大。

（2）针对性原则。要针对队集体队员的思想、品德、学习、心理、爱好、特长等实际提出目标，这样才能调动队员的积极性和创造性，得到队员的支持和合作。

（3）激励性原则。目标是一种激励因素，合适的目标能激发人的动机，调动人的积极性。因此，确定的队集体目标要有号召力，要具体形象、生动鲜明、有吸引力，能激发学生的责任心和荣誉感，起到催人奋进的作用。

（4）阶段性目标。各阶段提出多层次目标，把目标分成远期目标、中期目标和近期目标。远期目标是队集体在某个学习期间经过努力奋斗要达到的目标，也是对学生以后工作和生活有积极影响的目标。近期目标是结合本班、学校、学生的实际情况，分步骤落实在对集体近阶段的具体任务而要达到的目标。中期目标介于两者之间。在制订目标时，要将远期目标分解成中期目标、近期目标。每一个近期目标的实现即是向中期目标靠近了一步，多个近期目标构成了中期目标。多个中期目标实现以后，对集体的奋斗目标才能实现。确定目标时，还要由低级到高级、由浅入深、由易到难，依次递进。

（5）可行性原则。目标的确立必须实事求是，既要符合社会的要求，又要符合学校的要求，更要符合队集体的实际，符合少先队员的特点。在充分总结过去的工作情况和现有水平的基础上，提出适度的目标。目标过高或过低都不利于学生发展。

（6）参与性原则。让少先队员参与制订管理目标，使队员获得心理投入的体验，增强其主人翁责任感。同时，目标一经提出，就能得到队员的认同，这样才会主动自觉地去执行。

2. *确立队集体发展目标的方法和要求*。要建立一个良好的队集体，先决条件是必须要有一个明确的奋斗目标。因此，辅导员一接班，就要通过各种渠道，采取各种方式来了解班级，掌握大量的第一手材料，在搞清队集体的基本情况以后，为队集体提出长远的奋斗目标。如果是组建一个新的中队，或刚接手大队工作，就首先要提出目标，然后引导队员讨论，让队员明确为什么要确定这样的奋斗目标。这样的奋斗目标的实现对大家有什么意义，要实现这样的目标要求队员们怎么做，以增强少先队员对目标的认同程度，便于在队的活动中按目标要求去做。如果接手的是中队工作，最好采用民主商议的方法来确定中队目标，因为这样可以使目标更符合中队集体的特点和小学生的实际，更有针对性和可行性，可激活队员的主观能动性。同时，目标是队员自己提出来的，更符合队员的意愿，能够满足队员的需要，这样就使得目标在实现的过程中更具有激励作用，执行起来也会容易得多。

民主确立队集体发展目标可采用自下而上的形式，即先由每个中队或少先队员提出目标，然后中队或小队汇总讨论修订，再提交中队委会或大队委会汇总，由辅导员辅助一起讨论拟定目标草稿。也可以采用自上而下的形式，即队集体提出目标草稿，再交由中队或小队、队员个人进行修改，最后汇总出“准”目标，交全体队员讨论通过，制订出总目标。总目标确定以后，还要加以分解，确定阶段目标。阶段目标有近期的，也有中期的，都带有较强的激励作用，能够成为激发队员进步的动因，为提出新的目标打下基础。

辅导员在组织少先队员确定队集体目标时要注意以下几点：

首先，要选准突破口，通过突破口打开队集体建设的局面。突破口往往是能引起少先队员进步的切入点，抓住这个切入点，能够调动队员进步的积极性。

其次，注意第一次提出奋斗目标对少先队员的激励作用。确立第一个奋斗目标必须慎重，如果第一个奋斗目标不能达到，就会使队员产生消极情绪，产生挫折感，动摇队员对辅导员、对队集体的信心。这种消极情绪需要相当长时间，做大量的工作才能转变和消除。第一个奋斗目标实现了，不但能提高辅导员的威信，更重要的是使队员看到集体的力量，增强队员对集体进步的信心，提高队员为集体进步而努力的积极性。因此，辅导员必须注意队集体第一个奋斗目标对队员产生的影响作用。

第三，目标的确定必须实事求是，要认真分析队集体对达到目标的认知程度，班级实现目标的基础和能力。目标的难度要符合“最近发展区”的原理。对基础好的班，目标可定得稍微高一点；对基础差的班，目标就定得相对低一点。

第四，队集体奋斗的大目标确定以后，要进行相应的分解，体现目标的层次性，既有中期目标，也有近期目标。第一个奋斗目标实现后，应该及时引导队员向更新更高的目标前进。随着队集体荣誉的增加，集体荣誉感和自豪感逐步加强，便会促使队员提高对集体的责任感，这时，作为少先队的一员就会自觉克服缺点，提高行动的自觉性，因为集体的进步给每个成员带来了巨大的鼓舞，这种鼓舞力量会推进集体形成良性循环。

第五，队集体奋斗目标的确立，还要考虑本班的特色，设计队集体系列教育活动，尤其是近期目标的确定应该注意到这一点，这也是少先队工作创造性的体现。

总之，队集体奋斗目标对少先队建设的意义重大，要确定切实可行的奋斗目标，辅导员就必须调查了解班级学生的情况。如果是中途接手一个中队，除了听取前任辅导员和其他辅导员老师的意见外，还必须深入到本班学生及其家长和其他班的学生中去了解情况。如有的辅导员每次接手一个新的中队，就会先让队员写一份自我介绍，然后集中大家的兴趣和爱好，再结合学校的工作来制订班级目标。如果接手的是一个基础较差的中队，大多数队员消极、散漫，学习上没有目标，对自己缺乏信心，领导、辅导员都感到头痛，就要一个一个找队员了解情况，发现队员的闪光点，让他们认识到自己的长处，以激发学生进步的愿望和热情。

二、实施队集体目标管理，保障实现既定目标

队集体目标确定后，还要想办法发挥目标的管理作用。

在队集体管理过程中，较为科学的方法是使用目标管理法。所谓的目标管理法是指以目标为中心进行管理活动的一种现代管理方法，其核心就是把组织的目标任务转化为自身目标，与组织的总方向一致，成为明确具体、切

实可行的目标体系。它强调目标实现的整体意识，具有整体性、时效性和激励性等特点。

目标管理法具有如下优点：第一，把任务转化为目标体系，使组织内每个部门、每个人都明确自己的工作目标，以目标来指导各自的行动，从而实现由被动管理转向主动管理。第二，改变管理只是管理人员的事，动员全体人员参加工作目标的制订，通过上下级之间充分协商，形成下级保证上级目标的实现，上级又为下级实现目标创造良好条件的气氛，从而实现所有人员都参与管理。第三，明确具体目标，有利于对工作的检查、控制和考评，从而有利于保证学校工作的有效运转。

目标管理的过程可概括为“一个中心、三个阶段、四个环节、九项工作”。一个中心，即目标；三个阶段，即计划、执行、检查；四个环节，即确定目标、目标开展、目标实施、目标考评；九项工作，即在计划阶段有论证决策、协商分解、定责授权三项工作，在执行阶段有咨询指导、反馈控制、调节平衡三项工作，在检查与评估阶段有考评成果、实施奖惩、总结经验三项工作。目标管理过程是一个不可分割的有机整体，它们相互影响，相互依赖，构成完整的目标管理过程（系统）。

队集体管理目标是队集体必须把少先队的根本任务和学校的教育管理目标转化为大队或中队管理目标，要求队集体全体队员依据队集体管理目标的质量标准，各自确立活动发展目标，通过自我的有效调控实现各自活动发展目标，进而保证班级管理目标的彻底实现的教育管理。基于上述目标管理理论，可以把小学队集体目标管理的过程划分成三个阶段：第一阶段是队集体目标的确立（计划阶段），这是目标管理的前提和先导，包括队集体目标、活动计划、管理项目等；第二阶段是目标的实施（执行阶段），这是目标管理的关键，包括把计划变为具体行动的各项活动；第三阶段是目标的检查与评估，队集体管理成果是以目标的实现程度来衡量的，这是目标管理的必要环节。

1. 队集体管理目标的制订。队集体管理目标是少先队组织在一定时期内预期达到的目标和要求取得的成果。队集体管理目标一般由3个部分组成：

（1）目标方针

这是队集体管理贯穿始终的中心或主题，是队集体管理目标总的概括，其科学性和正确性决定着队集体管理的成败。所谓科学性和正确性是指大队或中队管理方针正确，含义明晰、准确，表达清楚，易于操作和评价，有激励性。

（2）目标项目

这是少先队大队或中队发展目标的具体化，大队目标包括：完成少先队根本任务、少先队辅导员队伍建设、少先队阵地建设、少先队活动、少先队文化建设、少先队小干部培养等；中队目标包括：中队基本管理、中队文化建设、中队常规管理、中队小干部培养等。无论是大队还是中队，目标都要兼顾以下几个方面：首先，要顾及队员全面、和谐、健康的发展；其次，要针对队集体的实际情况，从师生两方面考虑；第三，目标的确立要考虑到目标既非太难又非太易，是队员经过努力可以达到的。

（3）目标值

这是队集体目标项目的预期成果，能够定性分析和定量分析，确保目标值既要实事求是，明确具体，又要可行、可操作，可评估。队集体管理目标制订过程必须考虑以下几个因素：第一，队集体管理目标必须以国家的法律、法规、教育方针和教育目的为依据；第二，队集体管理目标的制订必须符合学校和中队的客观条件、中队的实际情况和各方面的办学条件；第三，队集体管理目标的制订必须以一定的科学理论为指导；第四，队集体管理目标的制订要依据对学生全面、科学的分析，讲究针对性。

中小学队集体管理目标的制订一般要经过3个环节：提出目标、分解目标、体现目标。提出目标即根据学校的要求和规定，结合本班的实际情况，在全体队员的广泛参与下，通过沟通、酝酿，提出大家都能接受的工作指向，体现目标及用一定的形式把目标表现出来，可以有数量上的形式（如：好人好事率）、文字形式（中队行为准则）和基准比较法（如达到本校先进中队的标准）等。

2. 目标的实施。制订队集体目标不仅仅是队集体目标管理的开始，实施目标才是目标管理的关键。不重视目标的落实，目标制订得再好，也是纸上谈兵。要做到目标落实，就应该采取各种有效的措施。使队集体目标具体化并变为行动的过程。

队集体目标实施过程中，关键是确立目标实施的组织者和管理者，动员激励全大队或中队队员都参与到队集体的管理中。其中，大队或中队辅导员的作用非常重要。首先，要做好组织工作。应有计划地组建队委会为核心的管理机构，负责个性目标的落实，自上而下地把大队或中队的总目标层层展开，最终落实到每个队员的身上，使队员在实现队集体目标中各尽所能，各施所长，使每个队员都意识到自己的责任和义务，都自觉地去为队集体目标的实现而努力，每个队员都有这样的机会。其次，做好教育指导和引导工作。可通过与科任教师和班级同学的交流以及阶段考核等措施得到反馈信息，来衡量目标实施情况。在实施目标的过程中，不可能大家齐步走，这就需要对有差距的队员进行教育引导，使他们尽快达到目标要求，对有些队员的行为的偏离，要加以引导和纠正，使其回到正确的轨道上来。再次，要做好协调平衡工作，如学校内各中队之间的协调，中队内队员之间的各种协调，辅导员与班主任工作角色和工作内容的协调，中队辅导员和大队辅导员之间的协调，大队辅导员和德育处工作的协调等。从这个意义上讲，队集体目标管理的过程又是一个不断协调的过程，离开了协调，大队、中队的工作便难以开展。

3. 队集体目标的检查和评估。队集体目标的检查是目标评估的依据和实现目标的重要手段，也是总结经验、找出问题，进入新的目标循环的重要举措。经常和定期地检查，可以推动目标管理工作的顺利进行。在检查过程中，应当重视检查大队或中队目标的科学程度，是否按目标实施，以及学生在实施目标过程中的积极性、主动性和创造性等。目标的评估是目标管理的最后一个环节，是目标达到一个阶段或全程所作出的鉴定。根据在目标制订阶段中确立的评价标准来进行考核，既要把定性评估和定量评估相统一，又要把自我评估、队员评估和辅导员评估相结合，还要注意实事求是、公正严明，确保评估的客观准确。与此同时，要按相应的班级管理制度，结合评估的结果，对实现程度高的队员进行表扬和奖励；对实现程度低的队员进行批评和惩罚。之后，要认真总结经验，对评估结果从达标程度、困难程度、努力程度等多方面进行总结，以便更好地开展下一阶段的目标管理。

中小学大队、中队目标管理是一个动态系统。目标确定——目标实施——目标检查评估——目标确定，即从目标的确定开始，经历组织实施，通过检查评估后，进行总结提高，针对成功的经验和失败的教训再进行目标的确定。这三个阶段及其各个具体环节构成了一个有机相连，完整的班级目标管理周期，不断地进行循环往复、循序渐进、不断提高，从一个周期到下一个周期，从低级阶段到高级阶段，队集体教育管理实践活动就在这样的周期中进行。

队集体的目标管理：第一，依据全体队员的生理、心理特点和学习情况，制订出切合实际的管理目标。要能打开局面，鼓舞队员，难度适中，如“在两周内实现中队纪律彻底好转”等。第二，围绕中队或大队目标，各阶段提出多层次奋斗目标，并将目标进行分解，指导学生制订出与各自实际相符合的，并于中队或大队目标相配套的个人目标或中队目标。第三，辅导员要根据目标的内容和队员的实际情况，制订出有效的实施与评价措施，做到以目标为导向，以活动为中介，促进队集体的形成和发展。同时还要加强目标检查和总结工作，努力推进队集体目标管理工作的改革与创新。

三、实施目标量化管理，分步实现发展目标

建设优秀的队集体是少先队管理的根本目标，也是衡量中小学少先队管理工作的根本标准。对队集体目标实现量化管理，就是指大队辅导员、中队辅导员利用有利的条件，将集体和个人的奋斗目标进行合理分解，分层次、分阶段进行量化定位，并制订出切实可行的达标方案，引导、督促、帮助队

员为实现自己的和集体的奋斗目标而努力，进而有效地实现管理目标，完成班级目标管理的任务。目标量化管理包括教育工作中的过程量化管理和最终成果的量化管理。队集体目标量化管理是落实队集体目标管理的重要举措，其成功与否，主要是看对集体制订的目标能否达成，能否形成良好的队风。

大队或中队辅导员在对队集体实施量化管理时，一定要建立科学严格的管理制度和工作程序，使队集体的组织合理、目标具体、职责分工明确，信息反馈及时，调整方便，这样才能使量化管理落到实处。

具体应做到：

1. 将队集体的奋斗目标清晰化，将实现奋斗目标的步骤阶段化，将为实现奋斗目标而采用的或可能采用的措施和方法具体化。

2. 与不同的队员商量他们各自奋斗目标的实现路径与方式，帮助队员制订其学习成长计划，量化到每月、每周，甚至每一天。

3. 让队干部和每个队员都明确自己在队集体目标管理中的责任，使责权到人，分层管理。这样，可以更好地发挥队干部和其他队员的主观能动性、自觉性，做好各项工作，完成自己的任务，接受辅导员的检查和指导。

4. 争取科任教师的配合，形成以中队为核心的教师协调管理群体。

5. 正确处理好目标管理与常规管理的关系，在常规状态下实现对目标的量化管理。能够从班级实际出发，掌握管理的客观规律，分学段、分年段提出不同的目标内容与量化管理标准。这样，每一项、每一阶段工作的完成，都能为下一步实现新的目标，提高工作质量打好基础，逐渐使大队或中队具有凝聚力，并最终成为优秀队集体。

1. 队集体管理目标是少先队组织在一定时期内预期达到的目标和要求取得的成果。队集体管理目标一般由哪些部分组成？

2. 小学队集体目标管理的过程划分为哪几个阶段？

笑笑老师提问

辅导员手记

小学少先队工作管理的感悟

文/杨　秋

随着时代的发展，少先队组织不断得到发展和壮大。而作为基层少先队组织是学校对学生成长教育的重要组成部分，它担负着举足轻重的育人使命。我国著名教育家冰心曾说："情在左，爱在右，走在生命的两旁，随时撒种，随时开花。"我们作为一名普通少先队辅导员老师，能努力做好本职工作，对于营造学校良好的学习氛围和育人环境，维持正常的教学工作秩序，促进少先队员的综合素质的全面提高，有着十分重要的意义。

一、注重少先队管理班子的组建

1. 建立高效的辅导员机构。少先队是少年儿童自己的组织，是促进他们身心健康成长发展的摇篮。在学校如何更好、更有效地搞好少先队工作？

首先要明确学校少先队工作的思路，落实加强学校少先队工作的措施。其次要建立一支素质优良的辅导员队伍。选择热爱党的教育事业，热爱少先队工作，熟悉少先队的业务，热爱学生，具有个人特长等的少先队辅导员承担起少先队管理工作。这支队伍对于提高少先队工作水平起着关键的作用。此外，要建立和完善制度管理体系，确保工作制度的落实。只有建立完善的少先队各项制度体系，才能更好地促进每一项具体的工作目标的顺利完成。

2. 建立完善的少先队组织机构。学校少先队组织机构是否完善，关系到学校少先队工作能否正常地进行并得到推广，它是做好队组织工作的重要保证之一。首先，要建立健全少先队各项工作制度。因为，少先队制度是少先队工作的“引领者”，是每一位少先队员都应共同遵守的准则。它具体包括干部选举制度、队干部轮换制度、队干部例会制度、队干部培训制度、队前教育制度、表扬奖励制度、活动制度、小队生活会制度、阵地教育制度等。其次，要建立健全规范的学校少先队工作管理档案。具体含会议记录、活动记录、队员花名册、队干部花名册、好人好事记录及通讯稿、活动照片资料、黑板报及红领巾广播站广播稿等。

二、提高少先队员的自我管理

学校少先队是学校工作中最活跃的组织，少先队小干部又是少先队组织的核心力量。所以，提高队员的自我管理能力，有着十分重要的意义。

1. 强化队员自我管理的意识。心理学家曾告诉我们：“儿童的主动性、独立性和坚持性还是很差的。他们不善于自觉地、主动地、独立地调节自己的行为，持久地完成一项工作，常常依靠外力的督促和管理。”为了使个体自我管理得以持久下去和上升到群体自我管理的高度，建立一支责任心强、素质高、工作大胆的小干部队伍是必不可少的。首先，让队员了解自我管理的直接动力来源于少先队员的自我服务，行为自律的需要。明白自我服务、自我管理是儿童发自内心的行动。其次，注重爱护队员自我管理的积极性，发现队员在管理上出现问题要及时给予引导、帮助，使队员不断体验到成功的快乐，巩固队员自我管理的意识。

2. 培养队员自我管理的能力。苏联教育家苏霍姆林斯基说："只有能够激发孩子去进行自我教育的教育，才是真正的教育。"首先，在学校的少先队日常管理工作中，注重营造民主、合作、自主氛围，有目的、有计划地引导每一位队员积极参与管理，尽量调动每一位队员的积极性和创造性，培养他们独立自主的精神和自我管理的能力。其次，注意以点带面、以大带小，让队员乐于参与，敢于参与，善于参与管理。并在活动中乐于提出自己的各种见解，多动脑筋、想办法，以活动来激发、培养队员的主动自我管理的能力，使队员能在自我管理环境中接受教育。

三、开展富有特色的少先队活动

少先队活动是每一位队员最受欢迎和喜爱的，它是少先队员成长最肥沃的土壤。学校少先队组织学生开展丰富多彩的活动来占领学生的思想阵地，使他们在健康向上的活动中受到良好的教育，能让他们在自己的组织里快乐成长。

1. 以活动激发创新精神。传统的少先队活动，常常是以辅导员老师为主。一般活动的主题活动由辅导员制订、设计，队员在整个活动中都是紧紧围着老师手中的指挥棒转，辅导员怎样指挥，队员就怎样活动，完全没有体现队员在活动中的主体作用。因此，辅导员应首先从队员的日常活动着手，在日常活动中时刻不忘培养队员的创新思想和意识，将培养队员的创新意识贯彻在整个活动过程中。多让队员自己独立地设计、组织、开展具有教育意义的活动，充分发挥他们的创造力和想象力。所以，在少先队活动中就要注意培养学生的自主意识，让队员们发挥自己的想象力和创造力，积极投身于各类少先队活动并在活动中体验成功，树立其创新意识，培养他们的创造精神。

2. 以活动提高队员的自身素质。一个人的素质，有先天的禀赋，也有后天环境的影响。前者我们无力选择或改变，但却可以积极主动地塑造自身的后天素质。要培养出高素质人才，为他们人生成长奠定一个良好的基础，往往需要辅导员利用各种活动来对一张张"白纸"似的孩子进行因材施教。而少先队的各项活动没有现成的教材，也没有固定不变的模式，每项活动都需因人、因时、因地制宜来开展。所以，学校辅导员首先要在观念、方法、理念上进行转变，从大处着眼，小处着手，不能再拘泥于传统的教育模式，要形成新的教育思想。结合学校的实际情况，校内组织队员们开展、参加各类活动。校外开辟实践教育活动阵地，让队员在活动中得到真实感受和受到教育，培养队员良好的个人素质，以此来提高队员的自身素质。

3. 以活动培养队员的责任感。责任感是做人的基础，是一个真诚人的标志。一个人要成为对国家、社会有用的人，就应当教育他们成为对自己负责、对家庭负责、对他人负责、对集体负责、对国家负责和对自然负责的人。一个没有责任感的孩子，会因为找不到自己的生命在社会中的地位与重要性而感到迷惘，而失去向上的动力。因此，在学校少先队工作中应注重在活动中培养队员的责任感，只有通过具有现实教育意义的活动，让队员们体会到活动的心情、责任和活动过程中的辛劳、情感及活动后的情感和收获，才能获得服务他人，服务社会，实现价值的真实感受。才能达到培养学生责任感的目的，也才能从中体会出“责任”的深刻内涵。

所以，小学少先队管理工作中，辅导员教师应做一位有心人，在日常的管理中要关注每一位队员在少先队这个大家庭中健康、快乐地成长。通过丰富多彩的各项活动，在队组织的教育、引导下有效地提高队员的综合素质。同时，也让队员们真切地感受到少先队组织的凝聚力。总之，少先队大队辅导工作是一项长期而艰巨的历史重任。我们相信：“今天的小苗，将是明天的参天大树；今天的付出，是为了明天的收获。”

第二节 实施有效的常规管理

少先队日常工作实际上就是人们形容的少先队“小家务”，一个学校的少先队工作如何，一个学校的少先队对少年儿童的影响力、凝聚力如何，很大程度上取决于这个学校少先队的“小家务”做得好不好。具体来说，少先队的日常工作有以下几个方面的内容。

一、制订少先队工作计划和工作总结

工作计划是指在一定时期内的工作安排和打算，是我们对于一定时期内所要做的工作的具体目标、具体任务的一种规定。把这些内容写成书面材料就叫作工作计划。

少先队工作是有组织有目的的教育实践活动，需要有计划有步骤地进行。少先队的工作计划种类很多，从职责范围来看，有总队部计划、大队计划、中队计划、小队计划；从时间跨度来看，有学年计划、学期计划、月计划、假期计划；从工作内容来看，有全面计划和单项工作计划；从工作性质来看，有组织工作、教育活动计划、宣传工作及竞赛检查评比计划等。

制订少先队工作计划是做好工作的首要环节，有了计划就有了明确的工作目标，从而可以减少工作的盲目性和随意性。

一般情况下，少先队工作计划由少先队辅导员按年度制订。制订少先队工作计划的依据主要来自五个方面：第一，上级少工委及少代会有关少先队工作的意见、要求、任务、决议；第二，《少先队辅导员工作纲要》中的工作要求；第三，学校素质教育、道德教育、传统活动和中心任务、综合实践活动、校本课程中与少先队有关的内容；第四，地域经济、地域文化、地方社会发展中需要少先队教育参与的内容；第五，体现本地特色和队员实际需要的内容。简单说，就是把党的要求和地方实际、队员实际相结合。

少先队工作计划的一般格式：

1. 计划名称。

2. 基本情况分析，说明制订计划的根据。

3. 提出明确的任务和目标。

4. 完成任务的步骤和具体措施。

5. 计划的日期和呈报、抄送单位。

少先队大、中队每学期工作总计划不宜过长，但也不宜过短。计划制订好以后，要经常检查计划的执行情况。根据实际需要进行修改、补充、调整，不断完善计划。至于每月计划、重点活动要具体安排。小队活动计划，可采取表格的形式。

工作总结是组织或个人在完成某一项工作或某一项活动后，对所完成的工作或活动进行分析和研究，总结成绩，找出主要经验教训，从中引出规律性的东西，用来指导今后的工作。

总结按照内容可划分为全面总结、专题总结、个人总结。在少先队工作中，经常用到的是全面总结和专题总结。全面总结，也称综合性总结，一般是按月份、学期、年度进行总结，内容包括基本概况、主要成绩、经验体会、存在问题、努力方向等。专题性总结，是对某项工作或某项活动所进行的专门性总结，这种总结偏重于总结经验，对于其他方面的情况和存在的问题，常常是一笔带过或省略。

少先队的工作总结大体分为三部分：

1. 基本情况，这部分放在总结的开头。对少先队组织的基本情况或队活动的基本情况简明扼要地概括和分析。

2. 主要做法、经验及体会。这是总结的核心部分，也是衡量一篇总结水平高低的关键。观点要鲜明，材料要典型，观点和材料要一致。对重点问题可作对比分析，说明发展变化的情况。

3. 存在的问题和努力方向。这部分可以分开写，也可以放在一起写，主要是阐明工作中存在的问题和不足，找出差距，以便今后加以改进。从实践中总结归纳出经验体会，是对队干部认识的一个飞跃。少先队干部在工作中要注意及时总结工作，提高工作质量，丰富经验，优化素质。

二、设置大、中队服务岗位

为了活跃学校少先队组织生活、为了使队员在少先队组织里得到锻炼，受到教育，少先队应该在大、中队设置服务岗位。设置服务岗位的目的是让更多的队员有为集体服务的机会。设置哪些大、中队服务岗位没有统一的标准，不过有一个基本原则就是岗位必须有事可做，所做的事情是对集体有益、对他人有帮助、对集体荣誉有利的事情。常见的服务岗有维护队风队纪的“纪律岗”、保持清洁卫生的“卫生岗”、负责新闻宣传和办板报的“宣传岗”、负责环境美化和队角管理的“队务岗”、负责环境卫生的“卫生岗”等等。每种岗位以值日或值周的形式出现，这样可以让更多的队员在不同的岗位上得到锻炼。

为了进一步实施学校少先队值日制度，规范学生言行，使养成教育得到落实，少先大队部可以从各中队挑选值日队员参与学校学生日常行为的管理，以下做法供辅导员参考：

1. 少先队员礼仪岗。五年级3个班级推荐10人，每天2人，即每周固定一天值班。各中队推荐的人必须是责任心强、学习成绩良好、行为规范、身体健康、自己愿意为同学服务，经家长和班主任同意，经培训以后，颁发统一标志，成为一名校礼仪队员。

（1）值岗时间：早晨7：10~7：30

（2）值岗地点：校门口大门两侧

（3）值岗要求：

①值岗当天必须穿校服，佩戴值岗标志。

②在岗督促同学服装整齐。

③对进出校门的师长敬少先队队礼。

④学生带着零食玩具进校应及时予以制止。

⑤骑自行车上学的，督促其推车进校门。

⑥对于不听劝阻的、不服从管理的学生，及时予以登记，并在下周升旗仪式上予以通报批评。

⑦在工作中，有特殊情况必须提前向大队部请假。一次不按时到岗，予以口头批评；二次不按时到岗予以发黄牌，通知班主任；三次不到岗，请班主任更换礼仪队员。

⑧每学期民主评选出4名“先进标兵”，颁发奖状和纪念品。

2. 纪律监督岗。从六年级3个班推荐10人，每天2人执岗。监督岗队员条件：有较强的明辨是非的能力，行为举止规范，责任感强，愿意为大家服务，班主任以及家长同意。

（1）值岗时间：早晨预备前。

（2）值岗地点：学生课外活动区。

（3）值岗要求：

①值岗当天必须穿校服，佩戴值岗标志。

②早晨到各班督促早读。

③课间在学生活动区发现、制止不文明行为，及时帮助有困难的同学。

在工作中，每天不少于6次到指定地点巡视，发现违规行为，予以及时批评制止，严重的及时报告德育处，对于不良现象予以登记，并于下周升旗时予以通报批评。

④在执岗过程中，如果一次不认真或者不负责任，辅导员将予以批评教育。如果发现不适合做这项工作，将及时更换，并取消本中队该项评优表彰机会。

⑤每学期民主评选出4名“先进标兵”，颁发奖状和纪念品。

3. 卫生监督岗。每中队（班）推荐1名队员在班中执岗。监督岗队员条件：行为举止规范，责任感强，为人正直不偏私，愿意为大家服务，班主任以及家长同意。

（1）值岗时间：中午大课间25分钟。

（2）值岗地点：各中队。

（3）值岗要求：

①值岗当天必须穿校服，佩戴值岗标志。

②中午到各中队进行卫生情况的评分。

在值岗过程中，如果一次不认真或者不负责任，辅导员将予以批评教育。如果发现偏私或评分不公正，将予以及时更换，并取消本中队该项评优表彰机会。

③每学期民主评选出4名“先进标兵”，颁发奖状和纪念品。

三、管理少先队阵地

1. 少先队阵地的含义。2000年5月30日，团中央、教育部等八部委《关于进一步加强少先队工作的意见》中指出：“少先队阵地教育是对少先队员进行组织教育、自我教育和实践教育的一种重要形式和有效手段。教育行政部门要大力支持学校少先队阵地建设。学校要将少先队阵地建设纳入学校整体建设规划之中，有计划、有步骤地建立和完善少先队组织教育阵地、宣传阵地、兴趣教育阵地、劳动实践教育阵地和综合阵地建设。”

少先队阵地是指以一定的物质条件为依托、由队员参与建设管理的、队员经常活动的场所，也称少先队的“小家务”、“小建设”，它是少先队组织对少年儿童进行教育的重要途径和基本形式。它服务于少先队员的全面发展和健康成长，是对少先队员产生凝聚、吸引、辐射、影响等多方面“磁场”效应的教育场地。因此，少先队阵地教育在整个少先队教育事业中具有十分重要的地位，是少先队全面培养人才的课堂。少先队阵地作为一种教育场地，它具有多元的效应和独特的功能。少先队阵地的功能包括——辐射功能、整合功能、凝聚功能、育人功能、经济功能。少先队阵地具有主体性、实在性、经常性、多样性等特征，在建设和管理中要因地制宜，多渠道创办；要面向全体，全程参与；要发挥优势，办出特色；要完善制度，规范管理。

2. 少先队阵地的种类及内容。

（1）组织教育阵地——队室、鼓号队、值日中队、队角、“小队之家”。

（2）宣传教育阵地——队报、红领巾广播站、红领巾电视台、展览台、公益广告牌。

（3）科普教育阵地——“红领巾创造工程学院”、“小新星天文台”、“红领巾气象站”、“雏鹰网俱乐部”。

（4）技能培训阵地——队长学校、少年军校、红领巾小记者站、红领巾小银行、红领巾小商店。

（5）文体活动阵地——文学社、“小星星艺术团”、体育俱乐部、假日乐园、少先队自我保护协会。

（6）劳动实践阵地——小实验阵地、小事业阵地、公益劳动阵地。

（7）社会服务阵地——红领巾维权部、心理咨询室、苗苗服务站、敬老助残基地。

（8）综合教育阵地——升旗台、少年团校、夏（冬）令营基地、德育基地、“手拉手”地球村。

（9）不同地域阵地——校内少先队阵地、社区少先队阵地。

3. 少先队阵地的活动组织及辅导。

（1）少先队活动的特点。

少先队阵地活动是少先队组织领导的，以队员为主体开展的群众性活动，是向广大少年儿童进行基础道德教育和共产主义教育的基本形式，是少先队员在组织中学习共产主义、争取全面发展的基本途径。但是，少先队活动又不同于学校的课堂教学、课外活动、全民性的社会活动以及儿童自发的游戏活动，也不同于一些成年人的活动，它具有以下几个特点：活动的教育性、活动的组织性、活动的自主性、活动的趣味性、活动的实践性。

（2）组织和辅导的时候要注重的问题。

在主题选择上要注重：

① 结合节庆活动确定活动主题。

② 根据队员的身心特点，引导他们走向社会，走向大自然，从精彩纷呈的大千世界中捕捉队活动主题。

③ 注意研究学校教育教学工作的规律和特点，顺应学校教学工作的规律，确定活动主题。

④ 从少先队员日常生活中发现活动主题。

⑤ 从提高能力、强健体魄、丰富知识入手，从时代前进的步伐里捕捉活动的主题。

⑥ 从少先队基础工作、日常工作中寻找活动的主题。

在方法上要注意：

少先队活动方案的设计要做到"新、活、深、实、小、美"6个方面。所谓"新"，是指少先队活动从内容到形式都要新颖、新奇；所谓"活"，是指设计、组织的队活动要活泼、生动，富有童趣；所谓"深"，是指少先队活动的设计要有一定的深度和意境；所谓"实"，是指所设计的活动要扎实，要注重活动的实效，不搞花架子；所谓"小"，是指所设计的活动角度要小，立意要深；所谓"美"，是指活动的设计要给人以美感，要有吸引力。

四、完善少先队管理制度

从组织的意义上讲，制度是组织约定的一些规则。少先队组织中有什么事需要做，就要建立相应的制度。常见的几种制度是：

1. 队干部选举制度。队章规定每半年至一年改选一次队委和队章。这是发扬民主精神，进行当家做主教育的一种制度。改选一般在学年或学期初进行。

2. 队干部轮换制度。每个队干部有一定的任职期，期满以后，无特殊情况不再连任。这种制度能够使更多的少先队员参加队的组织管理，得到锻炼。

3. 队干部例会制度。一般每周或隔周进行一次。主要内容是汇报、研究和布置工作。大（中）队例会可由委员轮流组织，并负责向辅导员汇报。

4. 队干部培训制度。培训少先队干部，使他们熟悉和掌握自己的工作职责、方法和技能技巧，这是提高少先队工作水平的必要手段。培训的方法有听课、实际操作、现场观摩等。

5. 队前教育制度。新队员入队前要对他们进行队前教育。如学习队章、学唱队歌、学习敬礼及呼号、系红领巾、做一件好事等。

6. 表扬奖励制度。少先队组织要经常在广播、队刊、光荣簿上表扬好人好事，在六一儿童节、10月13日建队纪念日集中表扬优秀少先队队员、优秀少先队集体。每学期进行一次“优秀队员”评选活动，由学校进行表彰或奖励。

7. 活动制度。小学少先队的活动一般要求大队活动每学期举行一至两次，中队活动每月一次，小队活动每周一次。每次举办活动的时间不宜过长，内容不要繁杂，要注意年龄特点。队员应认真履行自己的职责和义务，服从组织领导，遵守组织纪律，积极参加组织活动，注意发展个性特长，发挥自我创造性。开展活动要有计划、有措施、有方案，每周活动时间为90分钟。每次活动结束后要认真总结，做好记录。

8. 小队生活会制度。小队生活会制度是队员交流思想、增进友谊的好形式。生活会可以在队的活动时间或课余时间进行。

9. 离队制度。《队章》规定年满14周岁的队员要离开少先队。超龄队员的离队，由大队举行离队仪式，办理离队手续。

10. 阵地教育制度。阵地是少先队开展工作的重要基础。利用阵地对队员开展经常性的教育和工作，让他们学会必要的本领。固定的、不可缺少的活动阵地会使队员们实实在在地感受到少先队组织的存在，丰富少先队的活动内容，满足队员的各种兴趣、要求，培养他们的组织观念及对组织的责任感。

11. 值日中队制度。在学校，要让中队轮流为集体服务，要做好值日中队的管理，合理安排各种服务岗位，使每个中队的每个少先队员都能得到锻炼。

12. 队干部民主制度。要让更多的队员有为集体服务的锻炼机会，所以队干部一般不要连任。队干部要"能官能民"，新一届队委会轮换后，适当保留部分原队委成员，这样有益于工作上的新老衔接。新一届队委会人员的年龄、性别、特长等类型结构要合理，要发挥不同专长队员的作用，要让中低年级队员从小受到锻炼，所以每届大队委中要有年龄较小的队员比例。选举工作一般在新学年开学初进行。提倡、支持队员"自荐"。一般选举顺序是先大队、后中队，最后是小队的选举。选举结束后，可举行新队长就职仪式，对选出新队干部授予队干标志，可邀请学校领导到会并讲话；新队长（或代表）可发表就职演说。

13. 组织发展制度。辅导员应选聘思想进步，作风正派，热爱少年儿童的优秀教师来担任。凡是年满7周岁至14周岁的少年儿童，愿意参加少年先锋队组织，自觉遵守《队章》，向中队（大队）委员会提出申请，经组织批准就成为少先队队员。

14. 队室管理制度。队室和活动阵地要做到庄严、朴实、整洁、实用并富有教育性，便于队委会活动和工作。值日员要按时填写大队日记，管理好各种资料和室内财物，打扫室内卫生。

15. 档案管理：学校派专人负责各种档案的管理，管理人员要坚持原则、认真负责、精通业务。档案保存要完整、齐全，资料统计要准确，不得随意涂改或丢失。档案每学期检查一次，发现问题及时解决。

五、完善少先队的评价体系

建立好少先队工作的评价体系，可以加强少先队管理，增强辅导员工作的责任心，加强少先队员的上进心和荣誉感，更好地实现少先队组织的教育功能。

1. 运用激励手段。

表扬。表扬是经常性的激励手段。

（1）口头表扬。一般由辅导员执行，是辅导员对大、中队队员行为习惯、情感态度的一种导向。

（2）《中队光荣簿》。可以建立《中队光荣簿》，凡是在学习和生活中获得学校及以上荣誉的队员都要登记并张榜公布。

（3）喜报。可由大、中队委执行，凡有特殊的、重大的、公认的优秀行为和成绩，除了上《光荣簿》外，还可以在大、中队园地贴喜报，给队员家长送喜报。

2. 运用奖励手段。奖励的形式有颁发奖状、奖章，表彰优秀个人或集体等。辅导员要明确的是，对少先队员的奖励和批评应该由组织来作决定，不能由辅导员个人来决定，辅导员可以向队组织提出奖励或批评的建议。

1. 少先队日常工作实际上就是人们形容的少先队"小家务"，一个学校的少先队工作如何，一个学校的少先队对少年儿童的影响力、凝聚力如何，很大程度上取决于这个学校少先队的"小家务"做得好不好。少先队的日常工作具体表现在哪些方面？

2. 常见的少先队管理制度有哪些？如何完善这些制度？

笑笑老师提问

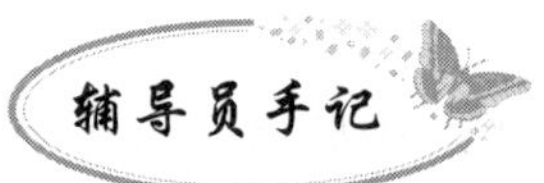

浅谈少先队员的后期管理

文/肖芸茜

初一是学生成长的关键期，从小学进入初中，学习科目的增多，知识难度的增大，学习要求的提高，常常让许多学生难以适应。更为重要的是，初一开始，学生进入青春期，从懵懵懂懂的无知儿童，过渡到半幼稚半成熟的少年，身心产生了巨大的变化，心理学上称之为“心理断乳期”。

既然如此，在这一阶段，如何加强对学生的教育和引导，使其走过青春的困惑与迷茫，尽快地适应初中的学习生活呢?

少先队是中国共产党创立和领导的少年儿童的群众组织，是学校教育不可缺少的得力助手。初中一年级学生虽仍是少先队员，但其心智已经趋向成熟，其教育与管理要更多地从成熟化的角度去给学生以尊重。但是，初一新生从某种意义上讲，其实又具有较多的小学生的心理定势思维，班级管理上又要考虑到其半幼稚的因素，不能过于“成人化”的管理。

一、民主管理巧过渡，初中生活不陌生

“通过组织培养新人”，既是少先队的教育目的，又是少先队的教育方法。初一新生入校，我接手班级后，没有急于组建新班委会，而是充分发挥少先队组织的优势，把班上的少先队干部组织起来，让他们来管理全班。同时，提醒学生，“你们仍是光荣的少先队员，但你们是初中学生，要用自己的言行给小学的弟弟妹妹们带好头。”这样充分发挥了少先队的组织优势，增强少先队员的使命感，为其进入初中的心理过渡奠定了基础。

这之后，发扬少先队组织的自治功能，引导学生民主组建、民主选举、民主评比、民主监督、民主参与，让孩子们自己组织选出班委。这样的活动，增强学生们的民主意识，培养学生们的自治能力；少先队的管理自然过渡到班级建设，班干部各尽其责、相互配合，班级也开始自主管理、有序运转。

二、自主活动重启迪，我的成长有快乐

自主活动是少先队活动的生命线。很多学生在小学的时候十分活泼，进入初中后却“动”不起来。为此，在学生进校后，我利用学生还是少先队员的优势，发挥少先队的组织功能，让队员自主设计、自己组织、自己实施的活动。通过活动，让每一个学生都“活”起来，“动”起来，在活动中自我锻炼、自我教育，形成爱活动、争表现、勇发言、敢出头的积极氛围。

在我的安排下，队员们自主制订少先队活动计划、活动方案，自主选定活动内容，自己组织活动过程，自主进行活动评价，激起队员参与的积极性，使工作收到良好的效果。先后开展了“我是一名初中生”、“我成长我快乐”主题队会，让学生充分认识自己的成长经历，为角色转变奠定心理基础；进行了“男生女生”、“歌声嘹亮”等活动，让学生了解自身的生理变化，正确对待成长过程中的烦恼；开展了“我写我的名字”的签名比赛，“快乐男（女）声”等活动，让学生学名人签名，激发学生的成功渴望，秀自己才艺，展示多彩人生，使学生觉得学习是充满快乐的、成长是充满惊喜的。

三、科学管理有学问，点滴细节见真情

管理学是一门系统学问。一个班主任如何管理好一个班级？初一新生如何管理，更是让人头疼。实践中，我十分重视制度管理。少先队的管理模式在制度上略为欠缺些。为此，我发挥集体的优势，让学生自己讨论班规，在民主气氛中学生进行自我教育。自己制订的班规，执行时学生会更主动地去维护和遵守。详细的班规，也使班级管理“有法可依”，避免了班级管理的随意性。虽然在制订班规时是需要花费不少心思，但是“磨刀不误砍柴工”。

在初一新生的管理中，除以制度管理外，还辅之以细节的教育和引导。因为小事之中往往流露出他们内心的想法，表现出他们潜在的问题和心里的想法。一个举手一个投足，如果细心留意，就能读出许多心灵秘密，找出学生出现的一些变化的症结。例如：爱带小梳子、小镜子的男生，往往有渴慕与异性交往、学习有所分心的情况；喜欢大声说话的学生，可能是因为成绩不理想想寻求别人的注意和理解；如果一个爱唱爱笑的女生一下变得沉默寡言，那就需要家访一下，全面分析她的家庭变化、学习压力等情况，作出及时的处理。初中学生处于半成熟半幼稚之间，应“于细微处见真功，于无声处听惊雷”，从小事做起，小中见大，小处见大。

四、思想教育重尊重，春风化雨润无声

在少先队员的后期教育和管理中，要特别注重思想教育，引导学生面对现实，客观冷静，踏实学习，摆脱幻想，追求理想，早日成为一名合格的初中学生，一个阳光灿烂的青春少年。如何做好学生的思想工作？从正面入手，积极引导，帮助学生走出思想的“泥沼”。因为初中学生思想具有一定的复杂性，加之有可能出现的家庭的消极影响、社会的负面效应，学生的意识表现出多元化、具有强烈的反叛性。任何一件事情，即便是一句话、一个眼神，可能都会引起学生误会，给教育带来种种障碍。因此，对学生的教育必须坚持正面引导，摆事实，讲道理，疏通心理，调动积极性。决不可“和稀泥”敷衍了事，也不能一味地迁就，不讲原则。

当然，思想教育还要注意多角度切入，潜移默化地影响学生。教育应有暴风急雨式的激进，使学生的心灵受到震撼；也应有春雨润物般的滋润，使学生的思想受到同化；既应利用课内（如朝会、班会）时间对学生进行思想教育，也应利用课外时间（如午休、课外活动、晚上休息）同学生进行思想交流，了解学生，关心学生。

从小学到初中，既有对初中学习生活的适应，又要对成长过程的心理调整，中小学的衔接是十分重要的。初一学生的教育与管理，既要做好少先队的后期管理，又要重视青春期的教育，相互衔接、做好过渡。当然，学生管理和教育是一门大学问，我们唯有在实践中不断探索、不断总结，才能使学生管理工作的水平不断跃上新台阶，适应新的教育形式和时代发展的需要。

第三节 体现自主原则的民主管理

自主性原则是少先队工作的基本原则之一，它充分尊重少年儿童的参与权。相信少年儿童，发挥少年儿童的主动性和积极性，让他们自己想办法，订计划，做事情，自己管理自己，自己教育自己，做少先队组织的主人。这一指导思想体现的就是少先队工作的自主性原则。少先队员是国家、社会未来的主人翁，今天他们能学当少先队组织的主人，明天才能当好国家和社会的主人。

我们培养的建设者和接班人，必须是立场坚定、思想解放、主动积极、有高度责任心、富有创新精神、有主人翁精神的少年儿童。特别是在当今，自主决策、自主精神的培养更有着重要的意义。少先队教育活动是成人指导下的少年儿童组织的教育活动，它是教育与自我教育紧密结合的一种活动，成人的辅导和帮助是为了少先队员学习自主，充当少先队活动的主人，培养自主精神是少先队教育活动的出发点和落脚点。

在队集体实施民主管理是体现平等，发挥队员积极性和创造性的基础。队集体管理以民主的机制调动集体成员和辅导员参与管理的积极性，使大队或中队的每个队员承担各自的职责，发挥其主体作用，共同参与集体工作的决策和管理，提高队集体管理效能。大队或中队民主管理过程中，要求辅导员及所有的队员都以尊重人、信任人、锻炼人和突出主体功能为基本出发点，以民主集中制为管理原则，以少先队员参与少先队制度的建设、活动的商讨和民主的评议为主要内容。队集体管理要求辅导员具有民主意识、民主的习惯和民主的工作作风，坚持以少年儿童为本，少先队员是少先队建设主体的思想，依靠全体队员发扬高度的积极性和创造性，齐心协力共同搞好民主管理。

一、辅导员要具有民主意识

民主意识即人的民主思想和民主作风。辅导员在少先队工作中的民主意识主要包括以下几方面：

1. 要认识到教育对象既是教育客体，又是教育的主体。根据现代教育心理学“一切为了儿童，为了一切儿童，为了儿童的一切”的观点，我们在少先队工作中，应体现以队员为主体的思想，根据社会发展的需求和现代化的要求，辅导员通过启发、引导队员内在的教育需求，开展主体性教育，从而达到把队员培养成为能够自主地、能动地、创造性地进行认识和实践活动的社会的人。在队集体中努力创造出一种和谐、宽松、民主的教育环境，并且有目的、有计划、规范地组织各种教育活动。

2. 要提倡辅导民主化模式。现在少先队员的最大苦恼是他们的意愿、兴趣、需要和他们的独立人格与自主权常常得不到大人们的尊重。包办代替、命令主义、成人决定一切的弊端比比皆是，严重地压制了少先队员的主动性、创造性，阻碍了少先队组织作用的发挥。辅导员要在充分尊重儿童的基础上走民主化辅导的路线，这包括：从对待队员的态度——“微笑辅导”开始，贴近儿童，同队员打成一片；要改变辅导思维，凡事先要想想队员的需要；要养成民主作风，有事要先同队员商量；要经常深入到队员中去，经常倾听队员心声；要相信队员，放权、放手，充分发挥他们的独立性、自主性，让队员自己说、说自己的话，自己做、做自己的事；要平等对待每一个队员，充分发挥每一个孩子的积极性、创造性，要善于发现发扬每一个队员的闪光点；要办事公正、说话算数，养成正直无私、诚信为本的辅导道德；还要保护队员，维护队员的权利。

3. 要定期召开民主生活会，提高队员的民主意识。辅导员的民主意识体现在教育行为的民主之中。这就是我们常说的教育民主。教育民主就要求辅导员尊重学生的人格上的完全平等。辅导员要经常召开民主生活会，让少年儿童在实践中逐渐学会认识民主、学习民主、运用民主，学会批评与自我批评。辅导员应该以平等的态度和队员一起探讨，依靠队员自觉地提高自己的认识和思想修养。辅导员应允许队员提出异议。辅导员应做出表率，虚心接受队员的批评，不仅有利于辅导员改进工作方法，而且也有利于把少先队员培养成为敢想、敢说和敢于创新的开拓型人才。

美国教育家爱默生说过："教育的秘诀是尊重学生。"少先队工作要尊重队员，首先要建立和谐、民主、平等的师生关系，尊重队员的人格，尊重队员的感情，保护队员的自尊心。对队员的批评或处罚一定要尊重事实，绝不能主观武断地制造"冤案"，当辅导员因种种原因造成过失时，要敢于面对事实，放下架子，和队员坦诚相见，这样，老师不但不会丧失威信，反而会更加赢得学生的信赖和尊重。

教育民主，平等对待，是教育规律的内在要求。苏霍姆林斯基认为，在教育中必须了解学生的内心活动，他有一句名言："不理解孩子的内心世界便没有教育文明，因为只有了解学生的内心世界，我们的教育才能有的放矢，切中要害，卓有成效。"我们强调民主，绝不意味着削弱和取消辅导员的主导作用；我们强调平等，绝不意味着减轻或放弃辅导员的管理责任。我们强调辅导员要做学生的朋友，绝不意味着放弃原则，一团和气。辅导员应该做到对学生宽容而不放纵，严格而不武断，信任而不娇宠，说服而不强制，让学生生活在既有集体意志，又有个人心情舒畅的氛围中，让他们的个性得到健康自由地发展。

二、建立民主开放型管理模式

无论是大队还是中队管理的根本目的，不是为了体现集体的存在，而是为队集体全体成员提供尽可能和谐、理想的社会化的发展场合和机会。实践证明，民主开放型管理在凝聚力量、发挥团队成员才智、实现团队奋斗目标方面，明显优于其他管理模式。

1. 民主开放型管理的内涵。民主开放型的管理，包括民主管理和开放管理两方面。所谓民主管理，是指辅导员要有尊重少年儿童的个性、少年儿童主体作用的思想，并在教育教学实践中自觉地践行。在教育管理上，要千方百计地创造条件让队员管理班级，让队员人人有机会展示风采，有机会发表意见。所谓开放管理，指在教育管理过程中，注意辅导员和少先队员、少先队员和少先队员、辅导员和家长等方面的沟通和交流；在教育活动过程中，让学生更多地体验生活、认识社会，明白如何学习，怎样学习。

2. 民主开放型管理的作用。民主开放型管理是符合现代学生身心发展和能力发展的管理模式，与教育方针和“三个面向”要求相适应的管理模式。民主开放型管理能发扬教育教学民主，既注重少先队员的主观能动性，又有利于班级民主管理制度建设。

民主开放型队集体管理模式实施过程中，无论是大队辅导员还是中队辅导员的民主意识，是实现民主开放管理的基础。首先，辅导员要树立民主意识，克服自我中心意识，明确为少年儿童服务的思想，不强迫命令，不凌驾于队员之上。要尊重队员，使队员有深切的当家做主的体验。其次，发挥队员的主人翁作用是实现民主开放管理的关键。民主开放管理明确了队员在队集体管理中既是接受管理、服从管理的客体，又是进行教育、参与管理的主体，从而促使学生主体性作用有效地发挥，有高度的责任感和强烈的荣誉感。再次，建立民主制度是实现民主开放管理的主要办法。要坚持定期召开民主生活会，辅导员、班干部和全班队员一起，以平等的身份参加会议，开展批评与自我批评，广开言路。最后，培养队员的自我教育能力是民主开放管理的核心。教育的根本目的就是实现人的自我管理、自我教育。民主开放管理是达到这一目标的有效途径。通过学生与老师和家长的沟通，积极地参与社会活动，逐步培养学生自我要求、自我检查、自我教育的能力。

民主开放型管理模式要求班级成员机会均等，信息公开、决策民主，队员自律、自理、自治，获得的最大的收益不是管理本身，而是育人的效益。

1.如何体现少先队工作的自主性原则？

2.辅导员在少先队工作中的民主意识主要包括哪些方面？

丰富多彩的少先队活动

文/肖　雨

开展丰富多彩的少先队活动是培养学生良好的社会交往和社会实践能力的主要渠道，也是少先队员展示自己，体验成功，树立自信的有效舞台。学校利用课余时间广泛开展各项少先队活动，寓教于乐，在活动中感知，在活动中育德，在无声与有声中丰富知识，增强情感，提升责任。

同学们观看“红领巾心向党”的动漫。

一、通过观看“红领巾心向党”的动漫、“讲爱国英雄故事”、“办爱国手抄报”等活动，让爱国、爱党情怀在少先队员心中扎根

少先队员们在讲英雄故事。

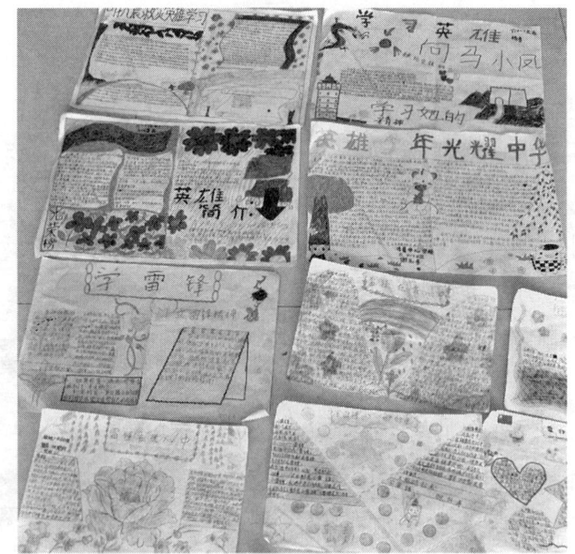

红领巾手抄报展示。

二、到敬老院开展公益活动

为敬老院的爷爷奶奶们打扫卫生。

三、维护环境，共建绿色校园与社区

校园义务劳动。

社区服务“打扫街道”。

四、开展各种才艺活动

通过开展各种才艺活动，通过小手携大手，大手牵小手，共同开展家队结合的活动，架起子女与父母之间沟通的桥梁。

五、快乐的六一活动

通过六一活动丰富校园文化生活，展现少先队员热爱祖国、热爱学习、朝气蓬勃、昂扬向上的精神风貌。

学校少先队紧紧围绕工作目标，深入开展丰富多彩的主题教育活动，加强少先队员养成教育、诚信教育及行为习惯等的培养，同时也加强基础教育的阵地建设，使少先队工作有了进一步的提高，也使少先队员在这个大家庭里健康成长。

第五章 丰富少先队文化

少先队文化是我国社会主义文化和学校精神文明建设的重要组成部分，它通过少先队的文化气氛、文化环境和文化活动，以及大多数少先队员共同的行为方式和少先队的规章制度等各种文化因素，对少先队内的成员进行制约和影响。良好的少先队文化，能陶冶少先队员的情操，有利于提高少先队员的思想道德素质，能激发少先队员长期保持高昂的奋发进取精神，开发少先队员的非智力因素，促进少先队员德智体美等综合素质的和谐发展。

第一节 认识少先队文化

少先队文化是一种潜移默化的教育力量，是特定的文化环境，对少先队员的发展起到导向、约束、熏陶等教育功能。

一、什么是少先队文化？

少先队文化在中小学校园生活中具有其他学科教育所不可替代的特殊作用。一个少先队员从早上进学校到傍晚放学，每天生活在文化的氛围内，有的是课内，有的是课外；有的是个体活动，有的是集体活动。少先队员在文化环境中潜移默化地受到熏陶，少先队文化以其独特而又显著的教育功效正逐渐为人们所重视。

苏联著名的教育家苏霍姆林斯基说：“用环境、用学生创造的周围情景，用丰富的集体精神生活的一切东西进行教育，这是教育过程中一个微妙的领域。”少先队文化就是这样一个微妙的领域。少先队文化是教育的必然产物，是一种特定的文化环境，在培养人才的过程中具有各种教育功能。什么是少先队文化？不同的学者研究的视角不同，所界定的文化内涵也不相同。但总的来说，可以从广义和狭义两个方面来理解：广义的理解是指少先队生活中一切文化要素，狭义的理解是指少先队全体成员创造出来的独特的文化。一个优秀的少先队集体，必定共同创造出自己的文化，并且为全体少先队成员所承认。但由于各位辅导员性格、爱好、知识等各方面有所不同，各中队又呈现出自己的独特文化样式，因此，研究少先队中队文化建设有着更加重要的意义。

总的来说，我们所说的少先队文化应是指广义的少先队文化，不仅包含少先队全体成员创造出来的独特的文化，还包括辅导员自身的文化因素、中队的布置、队员活动的组织性和参与性、中队成员的凝聚力，少先队员及辅导员、少先队员之间的人际关系、少先队员群体的价值取向、少先队员的责任感，以及少先队员的团结协作与竞争的精神等。

二、少先队文化有形化

少先队组织有着近90年的发展历史，在这个过程中积淀下来深厚的组织文化和光荣传统，这些积淀将在基层少先队组织中继承和发扬。少先队作为团结教育少年儿童的组织，约定了特定的标志和组织的礼仪，这些约定需要在基层少先队组织中有形地彰显。组织是文化的产物，承载一定的社会文化现象，每一个组织都有与之相适应的文化。少先队文化客观存在于少先队组织中。在多年的少先队事业发展过程中，由于组织的存在与发展，必然内在地蕴含着少先队文化的一般规律，外在地反映出一些带规律性的文化现象，这些规律和现象构成了少先队文化建设的基本理念和方法，构成了对文化有形化建设的基本理念和方法。

少先队文化是一种组织文化。对少先队文化内涵的解释，对少先队文化现象的认识，有利于更好地发挥少先队的教育功能。所以少先队文化有形化建设是高层次上对少先队自身建设和少先队基础建设的要求和实践。

1. 少先队组织建设有形化

（1）推进各级少工委建设。各县（市、区）团委要按照“全团带队”的要求，联合教育行政等部门，在学校、镇（街道）、社区等成立少工委，并加强对少先队工作的领导。各级少工委要在办公场所挂牌，内容为：少先队××县（市、区）××（学校、镇、街道、社区）工作委员会，标牌上要刻有星星火炬标志。

（2）完善学校、社区少先队大、中、小队建设。各县（市、区）所有小学、初中和有条件的社区都要建立少先队大队。学校中队以教学班为单位建立，社区中队酌情设立，小队一般由5~13人组成。各中队可根据兴趣爱好等成立红领巾社团。各少先队大队部、中队要悬挂统一标志。要在学校或队室门前悬挂“××学校（社区）少先队大队”（白底红字）字样的标牌，中队要在班级牌同一高度位置悬挂中队牌“××中队”（白底红字）字样的挂牌，内容可以为中队辅导员寄语、中队口号等。学校大队每年都要举行一次中队辅导员的聘任仪式。

（3）坚持少先队代表大会制度。少先队代表大会是各级少先队组织的最高权力机构。召开时间一般为：市级5年一次，县（市、区）、镇（街道）级3年一次，校级1年一次。大会内容主要有工作报告、民主选举、表彰奖励及大会决议，并建立代表提案制度。两届少先队代表大会之间，根据需要可以召开少先队代表会议。

（4）实行少先队先进集体年审制度。评选“红旗大队”、“优秀中队”、“特色中队”，是加强少先队基层组织建设，提高少先队基础建设水平的有效措施。各级少先队组织要实行少先队先进集体的年审制度，对各级先进集体进行年审验收。

（5）加强红领巾理事会建设。镇（街道）级以上的少先队组织要成立红领巾理事会，理事会成员以队员为主、成人为辅。要建立规范的工作制度，充分发挥红领巾理事会出主意、通信息、搞活动、作宣传的职能作用，促进少先队的自主化建设。

2. 少先队活动阵地有形化

（1）建立并使用好少先队队室。每个学校都要建立少先队队室。队室的面积原则上不小于20平方米，门前要有“少先队队室”的标志或标牌，要配备会议桌、椅子、资料柜、旗杆、旗架等基本设施，要有队鼓、队号、队旗等礼仪用品，要把队徽、呼号、队歌、誓词等少先队标志上墙，还要有毛泽东、邓小平、江泽民、胡锦涛、习近平等党和国家领导人对少年儿童和少先队的重要题词，要建立少先队工作和活动成果等档案资料。队室建好后，要善于利用这个阵地，定期组织参观、提供资料、开展活动，真正发挥队室的教育作用。

（2）建立并使用好少先队阵地。辅导少先队小干部创建、使用和管理队报、红领巾橱窗、红领巾光荣榜、红领巾广播站、红领巾电视台等大队宣传阵地，有条件的地方和学校可建立红领巾网站、红领巾心理咨询所（室）等新型阵地。指导并督促各中队办好板报、争章园地、队角等中队宣传阵地。大、中队宣传阵地要注重经常性、时效性、多样性和创新性，充分发挥它们的育人功能。建立并使用好爱国主义教育基地、红领巾劳动实践基地、红领巾科技活动基地、国防教育基地等少先队校外教育基地。

（3）规范名称。在确定活动阵地名称时，要以“红领巾”来命名。如“红领巾广播站”、“红领巾文化长廊”、“红领巾网站”、“红领巾科技教育小基地”等。为突出特色，亦可取名为“××红领巾广播站”、“××红领巾文化长廊”等。

3. 少先队文化建设有形化

（1）规范少先队礼仪。少先队的队旗、队徽、队歌、标志、队礼、呼号、礼仪、鼓乐是少先队文化的标志和象征，对少先队员有着独特的教育意义和潜移默化的教育效果，学校少先队应建立礼仪训练制度，保证礼仪的规范程度。城镇小学要建立鼓号队，少先队员在各种少先队正式场合要统一佩戴红领巾，队干部要佩戴规范的队干部标志，少先队大、中队辅导员要佩戴大号红领巾，少先队员要行标准队礼。各级少先队组织要做到“队旗升起来，领巾戴起来，队礼敬起来，队歌唱起来，鼓号敲起来，呼号呼起来，队史讲起来，队刊办起来，队室用起来，体验搞起来”。

（2）规范少先队仪式。少先队的仪式要严肃、规范。各县（市、区）、镇（街道）、学校（社区）要按规范举行少先队队会仪式、入队仪式、少先队检阅式、升旗仪式、离队仪式等各种少先队仪式。升国旗仪式、大队列队式每周举行一次，逢重大节日、纪念日可有所增加，由大队组织实施。入队仪式和离队仪式，内容设计要富有教育和纪念意义，避免简单化。

（3）规范使用队报、队刊、少先队用品。要充分发挥队报、队刊、校刊的宣传和引导作用，确保少年儿童有健康丰富的精神食粮。各大队、中队要有《辅导员》《中国少年报》等队报、队刊。要按照全国少工委《关于中国少年先锋队队旗、队徽和红领巾、队干部标志制作和使用的若干规定》，统一订阅、制作和使用队报、队刊、队徽、红领巾和队干部标志等少先队用品。

（4）规范开展队活动。按照上级少先队组织的整体工作部署，结合学校实际情况及队员身心需求，各大队坚持每学期开展不少于两次队活动，中队坚持每月开展一次队活动，小队坚持每周开展一次队活动，组织队员开展各项富有意义的活动，通过恰当的形式体现少先队文化内涵，突出少先队教育特色。开展队活动时需由队员自主开展，使少先队员能够充满自信地参与其中。

少先队有形化建设是少先队组织建设的重要内容，各级少先队组织要高度重视此项工作，结合实际，细化少先队有形化建设的各项工作要求，以务实的作风，塑造少先队良好的组织形象。

1. 少先队员在文化环境中潜移默化地受到熏陶，少先队文化以其独特而又显著的教育功效正逐渐为人们所重视。少先队文化包含哪些方面？

2. 如何使少先队文化建设有形化？

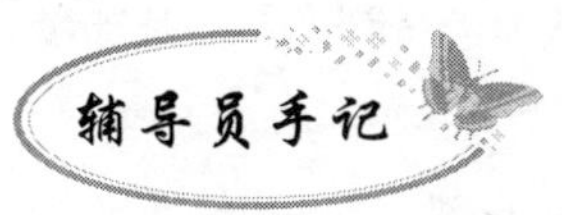

探索新形势下的少先队活动

文/梁文静

少先队工作是一项繁杂而艰巨的工作，任重而道远。很多辅导员都有这样的困惑：当前，频繁的活动给辅导员带来了沉重的负担，致使辅导员疲于应付，导致活动效益不佳。少先队活动虽然多，但没有目标没有体系，加之在新形势下的现代少先队员思想活跃，民主意识强，又受到来自各种渠道大量信息的冲击影响，势必给辅导员带来更大的工作压力。因此，我们很有必要对新形势下的少先队活动进行探索和研究。

通过长时间的实践，我认为少先队工作重在开发校本资源。在学校传统的少先队活动中融入新的理念，新的思想。这样我们的工作才能更加得心应手。

一、科学制订少先队工作原则

为提高少先队工作的有效性，大队辅导员要科学制订少先队工作原则。

1. 内容校本化。将领导的指示、上级的要求结合区域、学校、学生实际进行校本化，使之与学校传统和谐，与学校文化和谐。

2. 教育活动化。少先队工作不能搞空洞的说教，要将教育内容细化为一项项有目的、有主题、有计划、有总结的活动，让学生在活动中体验，在体验中感悟，在感悟中形成自己的感性认识，在自觉反复中养成良好习惯。

3. 活动自主化。学生是主体，辅导员是主导。少先队活动应让队员在辅导员的指导下，自主地进行策划，自主地进行排练，自主地进行活动。策划者是队员，主持人是队员，表演者是队员，总结者是队员。辅导员只是组织者、参与者。

4. 培训制度化。每学期对辅导员、队干部的培训都应进入《学校工作行事历》，定时间、定地点、定内容、定负责人。

5. 训练日常化。对队员进行日常行为规范训练，不能是发现问题后才去堵漏洞，而是要有计划、有序列，深深植根于学校的日常生活中，上课是训练，做操是训练，卫生清扫是训练，走路是训练，课间休息是训练，总之生活即训练。

6. 创新特色化。时代在进步，社会在发展，教育在变革，没有创新就不能培养出具有时代特征的人才。创新不能是一阵风，也不能取得了成绩就丢弃，而是要进行深化，使之成为办学特色、教育特色、个人工作特色。

二、日常工作严谨规范

辅导员对学校少先队的日常工作一定要严谨规范，制订一套科学的、适合自己学校特点并与时俱进的阵地建设方案。

1.抓好中队辅导员队伍建设。每月坚持召开中队辅导员工作例会，及时通报检查情况，及时了解老师们的困惑，提出相应的建议。每期开展辅导员专题研讨活动，请中队辅导员轮流做讲座、促进辅导员间的学习交流。根据学校的特点，专题研讨活动可以有：批评队员的策略、表扬队员的策略、中队激励机制研讨、心理异常队员辅导策略、留守儿童心理健康教育策略等。

组织开展“争创特色中队”活动，为各个中队张扬个性，展现魅力，形成有个性、有特色的中队文化育人环境搭建平台。活动分为五部分——给中队起名字、设计中队标志、设计中队口号、布置中队特色角等。每期开展一次优秀中队会观摩活动，通过这些活动，能大大提高辅导员开展中队会的水平。

2. 完善自主管理体系。大队部可新设立卫生岗、纪律岗和宣传岗，对全校队员的日常行为规范进行检查监督。另外可设立一些“校园警长”职务，专门监督大队委的工作。大队干部、“校园警长”以公开竞选、全校队员民主投票的方式产生。大队部每月要坚持对担任监督岗的同学进行培训、评比。每个月开一次大队委、“校园警长”会，及时了解队员和中队的情况，进行指导。每期都评选优秀大中小队干部，促进队干部工作的积极性。

大队部要坚持从队员实际情况入手、从队员不良习惯入手，逐一训练。红领巾监督岗通过定时或不定时值岗、巡查，发现问题，并将巡查结果及时报告给大队部，由大队部确认后再报告给存在问题的中队的辅导员，中队辅导员作针对性教育。检查结果作为文明中队考核依据。通过大队干部、“校园警长”、监督岗齐抓共管，让所有训练规范都能落到实处，大大地减轻大队辅导员的工作负担。

3. 创新宣传阵地。结合新时代少先队工作要求，宣传栏增设“争当四好少年”、“红领巾心向党”等板块。学校红领巾广播站（电视台）可开设 “四好少年在行动”、“文学漫步”、“火红的旗帜”、“才艺展示”、“校园新闻”、“时事新闻”等多个栏目。为了发现和锻炼更多的人才，红领巾广播站和电视台可由值周中队负责进行播音。

三、创新活动科学育人

活动是少先队工作开展的基础，很多的教育工作都是通过开展各项活动来进行的。辅导员应根据少年儿童成长规律，通过丰富多彩的多种教育活动，引导少年儿童在实践体验中全面提高素质。继承和创新学校的传统活动，积极指导开展 “四好少年”、“红领巾心向党”等主题活动，培养少年儿童对党的朴素感情。促进队员的健康成长，提高学校的德育教育质量。

例如，我校的特色少先队活动是基地实践，近期，我们对基地实践的内容进行了创新，将“四好少年”和“红领巾心向党”等主题融入基地实践活动。比如开展野外写生、“我们相约在基地”、“我们的小队最棒”、“党是太阳我是花”等活动，这些活动队员们都非常喜欢，积极参与，并在活动中得到了锻炼，得到了提高。

每学月，我校都有一个少先队活动主题，比如：3月开展感恩系列活动，4月开展读书月活动，5月开展“苗苗”艺术节系列活动，6月开展科技月系列活动。我们还创新地将争当“四好少年”的内容结合学校实际安排在每一个学月中，如：9月，组织各中队开展“争当品德优良、团结友爱的好少年”主题活动；10月，结合国庆节和建队日，大队开展“争当热爱祖国、理想远大的好少年”主题活动；11月，各中队开展“争当勤奋学习、追求上进的好少年”主题活动；12月，结合学校传统的冬季体育活动月的活动，大队开展“争当体魄强健、活泼开朗的好少年”主题活动。这些活动丰富多彩、形式多样，队员们在活动中积极参与，潜移默化中受到了教育。

少先队的工作是多方面的，它既要求辅导员立足现实，努力搞好实际工作，又要求辅导员着眼长远，不断提高少先队工作水平，使之得以长足发展。作为新世纪的少先队辅导员，肩负着培养适应本世纪所需要的各种人才的重任，因此，我们必须认真学习、科学思考，拓展活动空间，创新工作方式和内容，让学校少先队工作“活”起来。

第二节 融入学校整体发展的少先队文化

少先队文化建设要与学校的整体发展和校园文化建设相结合。

一、与学校整体发展相结合

学校凝聚力的形成，很重要的一点是有共同的价值观。共同的价值观演绎成师生共同认可的行为准则，这是一种无形的能动的精神财富。这种共同的价值观是从校长到教职工的一个共同理念，即学校的办学理念。办学理念是学校的灵魂，它包括学校的办学宗旨、办学目标、办学策略，具体体现在校训、校风、校规、校歌、教育理想、建校原则、办学宗旨、育人取向、培养目标、精神偶像、育人途径、学风建设、教师形象、校园文化、工作重心、庄重承诺等方面。每一方面都应当精雕细刻，力求使办学理念在实践中达到完美。先进的办学理念对内是凝聚力、向心力，对外就是核心竞争力和品牌。

作为少年儿童组织的少先队，有着自己特有的文化标志和独特的组织文化。少先队员除了具有少先队员身份以外，同时还是学校的一分子，是学校的学生。少先队辅导员作为少先队组织的管理者的同时，也是学校的教师。少先队队伍的常规管理、少先队辅导员的培养、少先队基础设施建设，很难说它能和学校的建设和发展截然分开。除了体现少先队组织特有的一些组织属性和它承载的组织使命以外，它的活动组织、常规管理、评价机制、教学研讨等应该自然而然地和学校的整体发展相契合，不可能完全割裂开来。比如，少先队的科研，就应该纳入学校教育科研的管理和整体规划中。中队辅导员的培训，也应该融入学校的校本培训。学校少先队发展规划就应该列入学校发展的中长期规划等等。

学校的办学理念具有前瞻性。它是一所学校的奋斗目标与发展方向。学校要有体现时代律动的办学理念，学校的办学理念必须与时代同步。张家港一中的办学目标是“培养真正的人”，北京四中的办学目标是“要把北京四中办成一所高质量、第一流、有特色的能起到示范作用的高级中学，并要努力争取21世纪初，使北京四中跨入世界名牌中学的行列”，湖南师大附中的办学目标是“争一流，创名牌，出特色，育英才”，广东珠海一中钟以俊教授接任校长后将“严谨、勤奋、求实、创新”的办学目标更新为“乐学、求真、从善、创美”。办学理念具有导向性。它是一所学校共同思想认识与共同价值观的引领。天津一中原校长韦力先生说：“办学首要的是明确学校教育的性质、特点和根本任务。学校是培养人才的地方，它必须按照社会发展的需要，按照既定的培养目标，对教育对象从思想品德、知识能力、生活作风等方面施加影响，进行培养。我们每一所学校都应该端正办学思想，明确办学方向。”每一所学校的办学方针和办学宗旨各有特色。例如，江苏张家港一中是“以育人为本”，上海闸北八中是“帮助每个学生成功”，北京四中是“追求教育的高质量”，北京五中“高举‘三个面向’的大旗，贯彻‘三个全面’的教育方针，实现‘三个特色’”，北京十一中学是“促进学生的发展、教师的发展和学校的发展”，天津一中是“培养合格人才”，上海建平中学是“让优质教育走入寻常百姓家”，江苏常州中学是“面向全面、全面发展”……

一所学校一旦拥有了对学校发展有先导作用的先进理念，那么这所学校不仅有个性有张力，而且有生机有活力。

二、与学校文化传承相结合

学校的文化具有继承性。少先队文化作为学校文化的一部分，学校文化和教育底蕴的积淀中，也应该有少先队的文化贡献。少先队作为带有特殊使命的儿童组织，少先队的工作目标和学校的办学目标在对象、目标上有着显著的差别，但两者在组织形式、教育内容上又可以相互融合。少先队文化应该注重既体现组织特点，又能适应学校传统文化特色。有的学校以“礼仪教育”作为学校的特色，少先队就可以在实践活动的内容上，注重结合学校礼仪教育开展针对性的活动；有的学校以科技创新为特色，那么少先队的科学夏令营、少年工程创造学院等就是体现学校科技创新特色的展示平台。少先队文化和学校传统文化结合的路径和方式，主要还是体现在教育内容、实施途径和活动载体上。少先队队室、红领巾电视台、红领巾书屋、少年科学院、少先队活动课程等都应该是校园文化亮丽的风景线。

1. 如何使少先队文化建设与学校的整体发展及校园文化建设结合起来？

2. 学校文化和教育底蕴的积淀中，也应该有少先队的文化贡献。怎样使少先队文化成为校园文化亮丽的风景线？

一位农村小学辅导员的工作手记

文/ 王小波

农村学校少先队如何适应新课程改革，适应现代化发展，开展有新意、有实效、受少先队员喜爱的活动，是每一位辅导员都应积极考虑的问题。作为农村小学辅导员，我认为只有贴近农村，服务农村，创新工作方法，转变自身观念，才能做好少先队工作，开展好富有农村特色的少先队活动。

一、体现乡土气息

农村没有高楼大厦，却有着广阔的田野；没有陈列齐全的博物馆，却有着随处可见的花鸟虫鱼；没有人才济济的科技单位，却有着以科技致富的农民企业家……农村有城市不可比拟的独特风景。农村学校少先队要走特色化道路，就要紧扣一个“土”字，善于挖掘具有乡土味的农村教育资源，开展特色活动。

1．利用农村传统游戏开展少先队活动。在农村有很多历来深受老百姓喜欢的游戏，辅导员们可针对儿童爱玩的天性，把游戏引入活动中。如捉蟋蟀、放风筝、捉知了、捉迷藏、打弹珠等，这些活动不仅队员喜欢，还可以充分发挥它们具有一定的亲子性的特点，让队员们可以和家人同玩、同乐。

2．结合农村时令习俗开展少先队活动。农村颇具特色的习俗为少先队活动提供了取之不尽的知识源泉。辅导员可从中筛选出精华，锤炼出主题，作为少先队活动的内容。如端午节，在农村有门上挂艾蒿的习俗。可以发动少先队员到田间地头采集艾蒿，然后制成标本，要求少先队员向家长了解有关艾蒿的知识，并向同学交流。另外结合春节祭祖，中秋赏月，除夕扫尘等开展的活动也必将充满浓浓乡土味，深受队员欢迎。

3．农技实践劳动。新课程改革后的学校内部，校园生活的容量已远远不能满足少年儿童的需要，怎样改变这种状况，那就是实践！新课程中综合实践课的开设为少先队活动的开展搭建了平台，也扩展了少先队活动的时间和空间。少先队可结合实际，让少年儿童跟爷爷学干农活，学养蚕；跟奶奶做家务；跟庄稼交朋友，到田间观察、了解农作物的外形、名称、习性及作用；跟动物握个手，对家里的鸡、鸭、猫、狗等进行饲养实践，将真实的劳动感受写下来。这些活动都是在“土”字上做文章，但做到了“土”而不俗，让少年儿童真正享受农村的美，真正体验农家的乐。

二、体现服务功能

新课标指出：以学生为中心，以学生的发展为本。农村学校少先队活动不仅要扎扎实实地开展，抓好队伍建设与阵地建设，构建学习型组织，更要体现它各方面的服务功能，让少年儿童在参与活动的服务中，使自己的身心也得以发展。

1．为少年儿童服务。在农村少先队活动中要拓宽并充分利用农村社会化教育渠道，让少年儿童走向广阔的社会大课堂，学习知识，增长才干，了解社会，热爱社会，增强社会适应能力，增长生活知识，学习劳动技能，提高实践能力。要结合农村实际，坚持劳动育人，培养少年儿童对劳动人民的感情和劳动技能。坚持活动育人，培养少先队员自律、自强、团结友爱和创新能力。如我校开展的参观砖厂活动，让少年儿童进入烧砖窑坊体验工人的生产环境，再想想爸爸妈妈在外打工的境遇，并向他们打电话或写信进行慰问。

2. 为教学服务。少先队是学校教育事业中不可缺少的重要组成部分，是学校教育的得力助手。让少先队组织有效地融于新课改之中，把新课程的一些新思考、新观念，以及少先队活动与新课改相结合的新实践、新体会融会贯通。通过听一听，说一说，读一读，记一记开展的各项少先队奠基活动，都会十分有利于新课程各科教学，特别是科学课和综合实践课的教学。

3. 为新农村建设服务。以开展"清洁城乡"活动为契机，大力开展争当"环保小卫士"、"文明小使者"等活动，做到"哪里有红领巾，哪里就有新风尚"。组织引导少先队员传承民族精神、促进农村文明新风的形成，为新农村建设服务。

三、激发孩子的创造性

少先队活动面临的问题，依托的环境时常会发生变化，活动也应符合社会发展的趋势，使活动具有新意，具有时代气息。如组织少年儿童去蔬菜大户的暖棚观察蔬菜瓜果，到生猪养殖大户处亲自给猪喂食、换水、帮猪洗澡，然后看看自家是如何种植蔬菜瓜果的，亲自喂自家养的猪。让少先队员体验现代农业与传统农业的不同，并憧憬新农村美好的未来。让少先队员为家乡的土特产设计广告语和卡通的形象，让他们当家乡土特产的广告形象代言人，通过展板和"校园之声"广播台展示他们的风采。在创建"校园绿色班级"活动中，高年级同学自发组织采集了各种野花，开展插花艺术展，给教室带来幽雅芬芳。这些活动不仅创意新，富有地方性，深受队员喜爱，也充分显示了队员们的想象力和创造力。

四、注重过程体验

少先队员是一个个充满智慧的生命体，应该让他们享受教育的过程，让同学们参与活动的整个过程，让每个孩子都能看到自己的进步，并从中体验成功的快乐。虽然他们进步会各有不同，但快乐会渗透进每一个参与的孩子心中。农村少先队面对的是每一个农村孩子，工作目标是让每个孩子都“勤奋学习、快乐生活、全面发展”。在活动中时时都会涉及对学生个人的评价，我们要建立个性化的活动评价机制。因此我们不仅颁发了“三好学生”、“优秀学生干部”、“优秀少先队员”等，还设立了“小养殖能手”、“节约小能手”、“班级小管家”、“小孝星”、“进步小标兵”等多种奖项，使每个学生都看到自己的进步，并从中体验成功的快乐。同时在参与总结评优的过程中，找到自己的学习榜样。改革少先队活动的评价方式，让每个学生都能看到自己的闪光点，激发自信，形成自我教育的动力。

新课程改革正不断地向纵深推进，教育发展将进入一个新的天地。作为一名农村少先队辅导员，要与时俱进，用新课程的理念指导少先队工作，让少先队融入学校新课改之中，紧跟时代步伐，寻找农村少先队教育活动的切入点，因地制宜，珍惜并利用农村的各种特色资源。

第三节　挖掘少先队的特色文化

学校少先队文化是少先队大队辅导员或中队辅导员创设的学校少先队精神氛围，以此来熏陶和培养少先队员人格。

少先队员是少先队组织的组成细胞。少先队员的人格发展和少先队文化的导向、选择、熏陶、教育有着直接的关系。而这种关系往往是潜在的、长期的，是一种深层次的影响。从少先队员受教育的影响力而言，少先队文化不是一种刚性的、粗暴的、说教的固定的模式，而应该是一种充满柔性的、温和的、情谊的氛围，是潜移默化、循序渐进、自然生成的。从少先队队员心理和成长需要出发，以队的标志文化硬件建设为主体，以软件氛围营造为辅助，树魂立根，在培育少年儿童成长过程中，凸显少先队根本任务和国家、社会主流文化对少年儿童的影响和心灵渗透，凸显现代公民的意识和素养，是少先队文化构建的根本目的。

一、学校特色少先队文化的内涵和功能

1. 少先队特色文化的内涵。所谓文化，实质是人类在社会历史发展过程中创造出的物质财富和精神财富的总和。少先队的组织教育作为文化传承的一条重要途径，归根到底也是一种文化，它是少先队的灵魂所在，是少先队发展的动力和成功的关键。

少先队文化是以少先队的主要活动为依托，少先队的特色文化是少先队组织和活动发展过程中形成的信念、价值取向、态度、思维方式、特色活动、特有标志等等。少先队特色文化对少年儿童的行为具有重要的影响作用，表现为对学生行为的驱动力、同化力和感染力。这种特色文化体现在五个方面：一是以少先队特有的组织体系、入队仪式、离队仪式为主的特色组织文化；二是以少先队特有的队礼、红领巾、队旗、入队誓词等为主的特色礼仪文化；三是以少先队夏令营、大中小队活动为主的少先队活动文化；四是以少先队队室、队务、红领巾书屋、红领巾电视台等为主的少先队阵地文化；五是以少代会、队前教育制度、新队员入队制度等为代表的制度文化。这些都是少先队的特色文化。少先队特色文化是少先队组织发展过程中共同创造的，是独一无二的文化传统、管理制度、价值观逐渐沉淀、整合而成的少先队独有的文化精神。

少先队的这种特色文化，会影响所有成员的思维、行为方式。这种特色文化既反映出这个组织主流文化精神的共性，又表现出有别于校园文化的精神特征，这就是共性中的个性。

2. 少先队特色文化的功能。少先队特色文化对少先队集体的创设和少先队员的发展都有着非常深刻的影响，发挥着重要的功能。主要表现在四个方面：

（1）规范功能。

少先队特色文化具有规范队员言行的作用。少先队文化中的制度文化符

合社会发展对学生的期望要求，它既通过少先队教育影响少年儿童，如大队部或中队制订的各种规章制度，常规的队会教学、课外活动、社会实践活动等，规范着少先队员的发展方向。又通过队集体大量的其他活动潜移默化地影响着少先队员，如队会及大队或中队组织的各种竞赛活动、文体活动、劳动等，是队员在各种活动中逐步形成的符合制度文化的思想、观念、行为习惯，并形成一定的心理氛围。

少先队文化中的组织文化对学生也有着明显的规范作用。由于少先队员归属于一定的组织，都有被承认和被接纳的心理需要，总是自觉不自觉地要根据一定的组织的要求来规范自己的言行，而对学生行为起着协调和制约的作用。少先队组织文化是组织内成员价值取向的反映，代表了大多数人的观点，因而对集体中的成员具有一定的调节和约束作用，并成为少先队员评价自己及他人言行的标准。这种观念及评价标准会随着少先队活动的开展和队集体的发展而更加深入人心，产生更大的、更深的影响。由此可见，少先队特色的文化不但规范着队员的组织内行为，甚至影响着队员的组织外行为，以及队员今后在人生道路上、在社会生活中对各种问题的态度倾向和行为方式。

（2）陶冶功能

少先队特色文化对学生有着潜移默化的浸染作用。少先队文化具有潜隐性。如少先队员的价值观、人生观、道德观、审美观等，及其在少先队活动和交往活动中发展和形成的队风、舆论、人际关系和相应的心理气氛，队员对组织中各种事件的态度倾向等，都对队员产生着潜移默化的影响，从而把符合队集体文化要求的思想意识和行为准则转化为自我的要求，并付诸行动。

另一方面，队集体文化中物质层面的因素，同样对学生具有潜移默化的影响。少先队组织的队员在一定的环境中活动，大队或中队整洁的桌椅、干净的地面、合理的布置、美观的摆设、良好的设备、醒目的标语和竞赛栏等，无一不让队员置身其中，油然而生一种积极向上、发奋图强的情感。这种情感在队员之间互相感染，就会蔚然成风，形成少先队良好的文化氛围。

（3）审美功能

即少先队主流文化的美育功能。是指少先队文化对培养队员感受美、鉴赏美和创造美的能力。它既存在于物质层面上，也体现在精神层面上。物质层面上的美主要体现在中队或大队的物质环境中，它不是杂乱无章随便拼凑的，而是在简洁中透出美的韵味，给人一种赏心悦目的感受。精神层面文化的美更多地体现在队集体成员的精神风貌中，如少先队员尊敬老师、关心集体、团结友爱等，是少先队队集体成员在学习、劳动和交往中体现出来的道德美、语言美、情感美和人格美。这些美的因素对少先队员产生深刻的影响，使队员受到集体的熏陶，从而逐渐形成美的思想、美的言行和美的情操。另外，辅导员教师的身上也存在许多美的因素：高尚的品格、严谨的作风、和蔼可亲的笑容、得体的打扮、高超的教学技艺等，传递着美的气息，对队员产生着潜移默化的影响，使队员产生美的感受，得到美的体验。

（4）同化功能

是指少先队特色文化对少先队组织内的队员具有同化其思想观念、行为方式的作用。这是少先队集体社会功能的重要体现。少先队文化的同化功能的心理基础，就是少年儿童思想意识教育社会化功能的重要体现。组织内成员的从众、服从、感染、认同、模仿和暗示等的心理效应，组织内成员的思想意识、价值取向、兴趣爱好等，在相互影响和互相感染中逐渐发展成为班级的共同倾向。在从众心理的作用下，大多数队员会选择服从组织利益的行为，因为队风、舆论代表着这大多数人的观点，而少年儿童一般都有归属的心理需要。

3. 构建少先队特色文化。少先队特色文化可归类分成物质特色文化、制度特色文化和精神特色文化。

（1）构建大队（中队）特色的物质文化

少先队的物质文化是指合理地布置和优化静态环境，表现在学校的文化装饰和环境布置上，中队室教室大小、光线、桌椅等设施上，是一种表层的实体文化。良好的物质环境对学生的人格培养具有潜移默化的教育影响力和感染力。

校园、教室是学生重要的生活场所。教室是中队活动的天地。可以根据年级高低、队员的爱好和中队特色，发动、组织队员自己动手设置红领巾小阵地、红领巾读书角、卫生角、植物角、展示角、少先队文化角、中队评比角等等。

红领巾图书角、红领巾书屋等的建立，能够给队员课外阅读带来很大的帮助，是对学校图书室的有益补充。

卫生角是充分利用教室的空间，对教室内的公共财物进行合理安排、清扫整理。

红领巾文化角、文化墙、队室可以介绍少先队的历史、章程、组织文化，让队员了解少先队，热爱少先队。

雏鹰争章园地、中队评比角可以展示各个中队、小队的雏鹰争章活动情况。

总之，充分利用校园的每一个角落和每一件物品，尽可能地挖掘其教育价值是十分必要的，它在少先队文化建设中发挥着独特的作用。

（2）确立学校少先队的制度文化

在少先队集体中，把那些以规章制度、公约、纪律等为内容的，全体少先队员共同认可并能自觉付诸行动的各项规则所表现出来的文化形态称为少先队的制度文化。它是在少先队管理制度基础上建立起来的，主要内容有：常规检查评比制度、少先队小干部考评制度、少先队小小监督岗负责制度等等。

少先队管理制度的制订并执行有利于学生的自制力、自律能力的培养，这对学生来讲是终生受益的。一般来讲，一个大队（中队）的规章制度应该具备四个特点：一是合理性。一项好的规章制度必须是合理的，要考虑到学生年龄和行为，而且要能被学生理解。二是明确性。规章制度不能模棱两可，不是暗示做什么，而是清楚地说明做什么。三是可操作性。一项好的规章制度必须是可操作的。即必须让每位师生在执行时都能够感到简便易行。四是灵活性。规章制度必须能根据不同情况灵活地加以处理。

（3）强化少先队集体的精神文化

队集体的精神文化可以通过对少先队文化标志队旗、队徽、队礼、中队命名等标志和载体得到很好的体现。辅导员应当根据不同年龄段的少年儿童的身心特点强化对少先队标志知识的学习，将少先队的标志文化在学校广泛宣传，放在校园或班级最醒目的地方，以此营造浓厚的、积极向上的少先队文化氛围，让少先队集体精神发扬光大。

少先队精神文化活动多种多样，不应当是一种固定模式或固定样板，可以在全体师生的共同创意下开展丰富多彩的特色活动。例如：

① 特色中队命名。可以根据需要，对一些特色中队进行命名。由各个中队提出奋斗目标，学校大队制订达标标准，对达到目标或符合要求的中队进行命名，比如说华罗庚中队、李四光中队等等。

② 大（中）队年鉴。写中队年鉴是帮助大（中）队形成有凝聚力的集体的有效方法，也是体现大（中）队精神文化的一个载体。可以在学校或中队成立固定的年鉴编辑小组，鼓励所有的队员积极参与，提出自己的想法，提供具体素材。年鉴这种形式可以帮助队员树立集体目标意识、增强责任感，是少先队员具有纪念意义的财富。

③ 大（中）队影集。将学校或中队日常活动中的场景用镜头捕捉下来，收录进大（中）队影集。大（中）队影集是学校班级精神文化的一个缩影。

④ 学校少先队官方博客（网站）。在学校大队或中队开设少先队博客，或制作专题网页，供少先队员和家长上网浏览。

⑤ 积极开发少先队活动特色课程。在使用标准少先队活动课程的同时，还可以积极编撰具有自身特色的校本少先队活动课程。

（4）拓展少先队文化网络

少先队集体与学校、与社会有着密切的联系，少先队文化建设要考虑少先队周边文化的因素。健全、拓展少先队文化网络有利于少先队大队、中队文化更加健康地发展。

首先，应该注重拓展与家庭文化的联系。家庭文化对队员起着至关重要的作用。辅导员虽无力改变少年儿童的家庭文化，但可以适度调控队员的家庭文化。辅导员要了解家庭对少先队工作的影响，为每位少先队员营造良好的学习氛围，利用少先队组织家校联系，对家长进行培训。同时，辅导员要及时向队员的家庭宣传少先队活动，比如，邀请家长参加少先队的入队、离队等重要仪式，密切少先队文化和家庭教育之间的关系。

其次，应拓展和社区文化的联系。辅导员要与社区居委会加强联络，积极组织少先队员参与当地社区组织的文明小区活动。学校大队部和社区应该建立工作机制，定期召开少年儿童教育的专题工作会。学校少先队要有效利用社区的教育资源，拓展少先队文化建设网络。

另外，还要拓展大众媒体对少先队的正面影响。信息化社会对少年儿童的影响是无时不在、无所不在的，影视文化、网络文化等各种娱乐文化对少年儿童的负面影响已经显现。辅导员要善于利用热点信息，组织大队或中队进行讨论、辩论，及时纠正负面影响，始终让先进的文化占领少年儿童的学习生活阵地。

1. 少先队特色文化有哪几项功能？

2. 少先队特色文化可归类分成物质特色文化、制度特色文化和精神特色文化，如何构建少先队的特色文化？

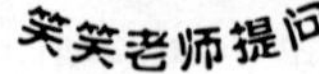

缤纷童年，快乐无极限

我们沐浴在幸福的雨露中，我们成长在快乐的阳光下，我们满怀着憧憬和希望，就像羽翼渐丰的雏鹰，时刻准备着，翱翔在祖国的蓝天！

宜宾市十二中附属第二小学——我们美丽的校园，我们犹如新生的嫩芽，在这片土地的滋养下茁壮地成长。学校少先队活动让我们的校园生活更加丰富多彩，尽情地为我们提供了展示自我的舞台。

同在一片蓝天下，共同的生活，共同的向往和追求。所有孩子平安健

青海玉树遭遇地震重灾，大队组织全校师生进行了爱心捐款，老师和同学以及部分家长纷纷伸出援手，爱的阳光洒满校园。

我们喜欢用色彩涂抹我们的世界，大队部每一学期都会举办很多次的书画展、手抄报、剪贴报展览等，同学们可以相互学习，通过这样的方式，能积累很多的课外知识。

要想好好学习，强健的体魄是前提，春秋两季的运动会是我们最快乐的时候，同学们都铆足了劲儿，拼尽全力为班级争光。图为运动会入场式。看看我们鼓号队的队员，是不是英姿飒爽？

“传承文明，诵读经典”，为弘扬中华传统文化，提升学生的素质和修养，学校每年都为我们举办经典美文诵读比赛。经典之作娓娓诵来，整个校园充满了浓郁的文化气息。

在家里我们是衣食无忧，父母照顾的“小公主”、“小王子”。在成长中，我们应该学会做力所能及的事情，大队部根据各年级学生的年龄特点，开展了“能工巧匠”的活动。图为一年级的小同学在比赛整理衣物。

应社区邀请，我们参加了社区“红旗颂”的联唱活动。我们认真地表演，响亮的歌声赢来了阵阵掌声。

《安全知识我知道》知识答卷

班级：三、(3)　姓名：何沉蓉

1、小学生不得玩火，不能随身携带（火种）。

2、不能在公共场所燃放（鞭炮、烟花）等危险物品。

3、遇到火情撤离时，要用（毛巾）、(口罩)、(衣服）等保护呼吸系统。

4、在道路上行走，要走（人行道），没有人行道的道路，要靠（路边）。

5、在没有交警的路段，要学会避让（机动车辆）。

6、穿越马路，要做到（绿灯行红灯停，要走（人行横道线，不能翻越道路中央的（安全护栏和（隔离墩）。

7、不用（湿手）触摸电器，不用（沾水的物品擦拭电器。

8、电器使用完毕后要及时（拔掉电源插头

9、课间玩耍不（打闹追逐，上下楼梯（靠右走），不在（楼道内）玩耍，严禁在（楼梯扶手上）嬉戏。

10、不带（利器）及（易燃易爆物品到校，不做危险游戏。

掌握安全知识，学会逃生本领，大队部每年至少进行两次安全疏散演练，提高了同学们的安全意识和逃生能力。

我们被爱包围，在爱中成长。老师常常教育我们要懂得感恩和回报。每年“学雷锋”活动中，我们都会来到社区，打扫社区卫生，慰问孤寡老人，用自己的绵薄之力传递爱的火炬。

良好的行为规范是促进我们认真学习，健康成长的关键。图为各班级在进行礼仪展示。

6月的歌声属于我们，6月的祝福属于我们。伴随快乐的旋律，唱着动听的歌曲，同学们唱啊，跳啊，迎来了自己的节日。图为庆祝六一的文艺汇演，同学们尽显风采！

康、幸福快乐是所有家长和老师共同的心愿，我们的缤纷童年，快乐无极限！

第六章 形成教育合力

心理学认为，沟通对于人来说，其目的在于表明心理需求。人自出生以来便置于各种人际关系中，需要从其中来满足被爱、被尊重、被接纳以及归属感等心理需求。而人之所以会产生心理困扰和痛苦，也多是起因于人际关系不良，无法从他人那里获得认可、接纳和尊重，从而导致自我价值感降低。

辅导员在少先队管理中发挥着沟通和舵手的作用，应该成为沟通队员、科任教师、学校领导以及家长关系的艺术家。

第一节 争取学校领导的支持

辅导员是学校少先队工作的落实者、执行者。辅导员应明白，自己与领导的关系，在组织上是上下级关系，在职责上是平等协作关系，因此应该与学校领导保持步调一致，从而保证学校计划、决策的贯彻执行。

一、摆正位置，树立尊重和服从意识

建立与领导的良好关系，是辅导员协调关系的重要内容。学校的领导一

般不是一个人，而是一个班子，因此要协调好与领导的关系，就要协调好与学校各级领导部门和班子的关系。首先，要端正动机，不要从个人的目的或者私利出发去搞关系，要一视同仁地对待所有的领导，不要根据权力的大小"看人上菜"，更不能为了讨好某个领导或者某些部门，随意议论或随意贬低其他领导或其他部门。其次，要有尊重和服从意识。下级服从上级是基本的组织原则，班主任要认真理解和执行领导的意图。若你同意领导的意见，就要结合班级实际认真照办；若你对领导的意见有不同看法，可以与领导及时交换，以达成共识，切忌散布不负责任的言论。再次，辅导员要按照领导的分工，按级向分管领导请示汇报，一般不要越级请示或汇报工作。

辅导员和学校领导都在各自不同的岗位上承担不同的社会角色，由于角色地位的不同，角色任务、角色责任也不尽相同。作为学校领导，更多的是站在学校全局的角度来统筹考量、部署安排工作，而对少先队的某些具体情况不可能面面俱到。作为辅导员，面对每一个中队，考虑的问题是从少先队工作的实际需要出发，对学校的全局工作往往缺乏了解掌握，正因为如此，两种角色考虑的问题就会有所不同，因此容易产生矛盾或者冲突。一般说来，大队辅导员对各中队的各种评比又是处在矛盾的最前沿，往往会觉得"两头不是人，两头不讨好"，所以，辅导员要有全局意识，要以"角色换位"来考虑问题，这样就不会产生心理不平衡，乃至情绪低落而影响工作。相反，会以热情的态度、宽广的胸怀，理解和支持领导作出的决定，并想方设法把少先队工作做好。

二、主动交往，沟通信息

班主任要协调好与领导的关系，就要自觉主动与学校领导进行交往，及时沟通信息。辅导员应该经常、及时、主动地向领导征求少先队工作的意见和建议，包括少先队工作的计划、教育活动设计以及实际工作等方面的意见，争取得到领导的了解与支持，使少先队工作少走弯路，使少先队工作与学校的整体工作保持一致；其次，可以将少先队正准备开展或已经开展的活动向领导汇报，以便征求他们的建议和意见，这样，有利于将少先队工作纳入领导的视线，使学校领导及时掌握第一手资料，比较全面地了解和掌握学校少先队工作，更加理解和支持辅导员的工作。在与学校领导的交往中，要注意克服两种心理因素：一是与领导频繁交往，被误解成“跑上层，拍马屁”；二是被动等待，消极应付。

三、强化责任，有所作为

辅导员要协调好与学校领导的关系，重要的一点是要强化责任意识，立足班级这一基层岗位，认认真真，踏踏实实地履行好辅导员的工作职责，包括教育、管理、协调和活动职能，并且要结合少先队的实际，创造性地开展工作。辅导员作为学校少先队工作的执行者，是否能够创造性地开展班级工作，直接影响到学校各项工作的完成，影响到学生的成长，影响辅导员与学校领导的关系。因此，辅导员要服从学校领导的统一部署，接受统一安排，尽心尽责地完成各项教育工作。辅导员不仅要积极主动、创造性地做好工作，还要虚心接受学校领导的指导。一般来说，辅导员工作干得越好，业绩越突出，领导越满意、越放心，辅导员也就越能得到领导的重视和支持，上下沟通协调的渠道更畅通、更有效。

1. 辅导员如何与学校领导保持一致，从而保证学校计划、决策的贯彻执行？

2. 在与学校领导的交往中，辅导员要注意克服哪两种心理因素？

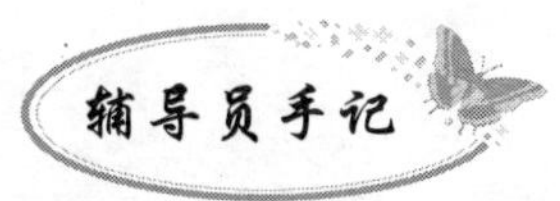

孩子，别慌，我陪着你

文/孙　莹

题记：让我们一同来守护孩子们的欢乐，守护自己的良知。教育本来就是一个漫长的过程，在这个过程当中，我们需要爱，需要耐心。给孩子们欢乐、自由的氛围。孩子，别慌，我陪着你……

（一）

“来，我再跟你讲一遍如何记住这些单词的转变。”

这已经不知道是第几次了，他一边听我讲，一边努力地记着单词。但是记住了后面却又忘了前面。我知道，他努力了，总是一遍又一遍地记忆着这些单词；我知道，他想学，每天只要一下课就会到我办公室问我一些问题。

“are—were， is—was……”他又主动地开始了记忆，然后拿起练习卡做了起来，看得出这次他很有信心，把练习卡给我，充满期待地等着我评价，但是还是有两个单词连反了。

“老师，你又在给小杰讲这道题呀，我们早都会了。”来了一个学生，很骄傲又有点嫌弃地说道。

“嗯，知道你们厉害，到外面去玩吧。我和小杰要学习了。”

“来，小杰，我们继续，这次基本对了，不错哦，只是还有两个，我们再记一下。”

“buy—bought”

“buy—bought”

“go—went”

“go—went”

“嗯，好的，有胆量再尝试一下吗？”

“有。”

放学了，办公室里静悄悄的，夕阳的余晖落在我们的肩上。孩子，别慌，我陪着你。

（二）

又到了红领巾广播站的时间了，本学期，学校来了一批新的广播仪器，已经教孩子们使用过了，但是有的孩子还不太会，我急急忙忙地跑回办公室。快到门口了，我停了下来。“他们自己能行的。”我决定相信孩子们。

音乐终于响起了，等了一会儿，怎么没声音了。我想去看看，但是还是忍住了，说了要相信孩子们的。

又等了一会儿，终于，一切正常了。看来孩子们没让我失望啊。

下午我叫来那几个孩子。

“今天的广播，你们感觉怎么样啊？”

“老师，今天你没来，刚开始我们可着急了，后来芳芳说我们自己动手。”

“刚开始还弄错了，还好莉莉想起来你教的，我们把它玩会了。”

“我也会了，呵呵。”

“那你们知道怎样开关了吗？”

“知道。”

“那你们记得怎样播音了吗？”

“记得。”

“那我只能说，你们真的很棒。”

“那是当然。呵呵。”

虽然只是孩子，但是我们要充分地信任他们，肯定他们。“放手”有时候也是对他们的培养，对他们的疼爱。孩子们，别慌，我会陪着你们。

后记：作为一名辅导员，我们影响着孩子们，但是，在孩子们成长的岁月中，他们的笑容也一直陪伴着我们，慢慢地，长久地，陪伴着……

第二节　赢得学科教师的帮助

少先队工作不仅是辅导员的责任，而且也是全体教师共同的责任。因此，辅导员要充分利用科任教师这一宝贵资源，协调好与科任教师的关系，通过营造和谐相处、齐心协力的工作环境，将科任教师对学生的分科教育汇集成有机统一的整体教育。

一、团结科任教师，有效利用教师资源

少先队的教育以活动见长，很多少先队活动需要得到美术、音乐、体育等教师的支持。辅导员工作的艺术，不仅要发挥自己的作用，而且要能通过创造性的工作，团结科任教师，将各科教师“拧成一股绳”，朝着共同的目标迈进。可以利用定期召开科任教师联系会议的形式，组织科任教师研究少先队员的思想动态，相互沟通、相互协调，群策群力为少先队发展贡献智慧和力量，这样就使教师资源得到了优化配置和有效利用。

二、及时沟通，寻求支持

辅导员，包括大队辅导员和中队辅导员，都要和科任教师建立良好的工作关系。要主动向科任教师通报少先队工作的动态，利用组织少先队活动的时机建立和巩固良好的合作关系；要及时向科任教师通报少先队工作的计划，并向科任教师提出少先队工作的配合要求。这样做的目的在于帮助科任教师根据学校少先队的工作计划，及时制订出针对性的学科教学计划，增进信任和了解。

三、主动为科任教师排忧解难

辅导员要充分尊重科任教师，要配合科任教师解决一些实际困难。无论

是大队辅导员还是中队辅导员，都要充分利用各种机会，经常对学生进行尊重科任教师的教育。当学生和科任教师发生冲突时，辅导员要及时调解，多做学生的思想工作，正确引导学生看待科任教师的工作，让学生理解和尊重科任教师。

科任教师在组织本学科的竞赛活动，比如科学兴趣课、艺术比赛等活动时，辅导员要主动协调、配合和组织，在时间和场所安排上给予大力的支持，同时还可以做好协调工作，请求学校的帮助。

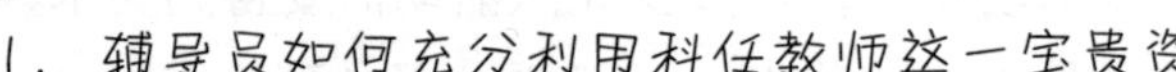

1. 辅导员如何充分利用科任教师这一宝贵资源，协调好与科任教师的关系？

2. 辅导员要如何尊重科任教师、配合科任教师解决一些实际困难？

笑笑老师提问

我会和你们在一起

文/陈　茂

不知不觉，担任少先队大队辅导员这个工作已经有三年了。在这三年里，我觉得很充实，因为每天都能看到少先队员们胸前飘扬的鲜艳的红领巾。

总也忘不了，教孩子们唱队歌的时候，他们那认真的模样，认真地看着歌词，认真地跟着学唱，认真地背着歌词，再稚嫩的声音，也让我觉得无比动听。只因为，孩子们胸前，飘扬着鲜艳的红领巾。

总也忘不了，每一个新队员站在队旗下，举起右拳，跟着我掷地有声地宣誓。那郑重的模样，让人觉得特别感动。当老队员为他们佩戴上鲜艳的红领巾时，他们既严肃又欣喜，这两个词矛盾吗？不！一点也不矛盾。

总也忘不了，孩子们站在学校门口，迎接每一个到校的老师和同学。当然，没有人会忘记他们的责任和使命，当发现有队员没有佩戴红领巾的时候，他们会马上记录下他的班级和姓名，也绝对不会因为是自己班级的同学而网开一面。只因为，他们胸前，飘扬着鲜艳的红领巾。

总也忘不了，我带着孩子们打扫卫生，没有人喊累，没有人嫌脏，大家热火朝天地干着，甚至还引得周围的居民也跟着一起打扫。每一个从那里经过的行人，都对孩子们赞不绝口。我呢？擦着汗水，欣慰地笑了。只因为，他们胸前，飘扬着鲜艳的红领巾。

总也忘不了，孩子们戴着袖章，在校园里值岗，校门口，操场上，楼梯口，食堂……到处都有他们的身影。维持纪律，督促同学们学习，阻止同学们的不安全行为……孩子们就像是校园的小卫士。只因为，他们胸前，飘扬着鲜艳的红领巾。

总也忘不了，校园广播里，红领巾广播站，为同学们送来悦耳的音乐，通报表扬好人好事，用动听的声音朗读同学们的佳作。孩子们热爱这份工作，只因为，他们胸前，飘扬着鲜艳的红领巾。

这样的身影，太多太多，孩子们在我的工作中，也在我的生活中，在这3年里，我和他们一起成长，快乐的他们，简单的他们，总能让我觉得好像回到了童年。哦，红领巾，鲜艳的红领巾，回荡在我童年的记忆里，又鲜活地在孩子们胸前晃动。孩子们，加油，我会和你们在一起！

附录

附录一 中国少年先锋队章程

（中国少年先锋队第五次全国代表大会2005年6月3日通过）

一、 我们的队名： 中国少年先锋队

二、我们队的创立者和领导者：中国共产党

党委托中国共产主义青年团直接领导我们队。

三、我们队的性质：是中国少年儿童的群众组织，是少年儿童学习中国特色社会主义和共产主义的学校，是建设社会主义和共产主义的预备队。

四、我们队的目的：团结教育少年儿童，听党的话，爱祖国、爱人民、爱劳动、爱科学、爱护公共财物，努力学习，锻炼身体，参与实践，培养能力，立志为建设中国特色社会主义现代化强国贡献力量，努力成长为社会主义现代化建设需要的合格人才，做共产主义事业的接班人。

维护少年儿童的正当权益。

五、我们的队旗、队徽：五角星加火炬的红旗是我们的队旗。五角星代表中国共产党的领导，火炬象征光明，红旗象征革命胜利。

五角星加火炬和写有“中国少先队”的红色绶带组成我们的队徽。

六、我们的队歌：《我们是共产主义接班人》。

七、我们的标志：红领巾。它代表红旗的一角，是革命先烈的鲜血染成的。每个队员都应该佩戴它和爱护它，为它增添新的荣誉。

八、我们的队礼：右手五指并拢，高举头上。它表示人民的利益高于一切。

九、我们的呼号：“准备着，为共产主义事业而奋斗！”回答：“时刻准备着。”

十、我们的作风：诚实、勇敢、活泼、团结。

十一、我们的队员：凡是6周岁到14周岁的少年儿童，愿意参加少先队，愿意遵守队章，向所在学校少先队组织提出申请，经批准，就成为队员。

队员入队前要为人民做一件好事。要举行入队仪式。

队员是少先队组织的主人，在队里都有选举权和被选举权，可以对队里的工作和队里的活动提出意见和要求。

每个队员都要遵守纪律，服从队的决议，积极参加队的活动，做好队交给的工作，热心为大家服务。

优秀的少先队员可以由队组织推荐为共青团的发展对象。

队员由一个大队转到另一个大队，要带上队员登记表，到新的大队报到。

超过14周岁的队员应该离队。由大队举行离队仪式。

十二、我们的入队誓词：我是中国少年先锋队队员。我在队旗下宣誓：我热爱中国共产党，热爱祖国，热爱人民，好好学习，好好锻炼，准备着，为共产主义事业贡献力量！

十三、我们的组织：在学校、社区建立大队或中队，中队下设小队。

小队由5人至13人组成，设正副小队长。

中队由两个以上的小队组成，成立中队委员会，由3人至7人组成。

大队由两个以上的中队组成，成立大队委员会，由7人至13人组成。

小队长和中队、大队委员会都由队员选举产生。半年或一年选举一次。

大队和中队委员会可以根据工作需要，设队长、副队长、旗手和学习、劳动、文娱、体育、组织、宣传等委员。

十四、我们的活动：举行队会，组织参观、访问、野营、旅行、故事会，开展文化科学、娱乐游戏、军事体育等各种有意义有趣味的活动，以及参加力所能及的公益劳动和社会实践。

十五、我们队的奖励和批评：队员和队的组织做出优异成绩的，由队的组织或报共青团组织给以表扬和奖励。队员犯了错误的，队组织要进行耐心帮助、批评教育，帮助改正。

十六、我们的辅导员：由共青团选派优秀团员或聘请思想进步、作风正派、知识丰富、热爱少年儿童的教师以及各条战线的先进人物来担任。他们是少先队员亲密的朋友和指导者，帮助中队或大队委员会进行工作，组织活动。

十七、我们队的领导机构：全国和地方各级少先队工作委员会，是全国和地方少先队经常性工作的领导机构，由同级少先队代表大会选举产生。全国代表大会原则上每5年召开一次。

附录二　党的十八大精神学习解读提纲

少先队辅导员指南版

四川省少工委

前言：

少年儿童是祖国的花朵，民族的未来，作为中国特色社会主义事业的接班人，肩负着祖国繁荣、民族复兴和人民幸福的历史重任。四川省少工委以深入学习宣传党的十八大精神为契机，立足促进少年儿童健康成长，坚持思想性、政治性、趣味性、操作性融为一体，组织编写本提纲，着力探索如何向少年儿童讲述党的十八大精神。

本提纲结合我国经济社会发展成就和四川省省情，共分为党代会简介、党的十八大基本情况、党的十八大报告主要内容、畅想“2020幸福生活”、如何创造我们的幸福生活等五大部分。各部分内容紧密贴近少年儿童，通过Q版图片、生动故事、形象数据、典型案例等方式，重点解读党的十八大报告关键词，努力为少先队辅导员向少年儿童讲解党的十八大精神提供参考。

各位少先队辅导员在讲解时要结合各地实际，充分挖掘当地典型事例和人物，配套开发少儿歌曲、少儿诗歌、顺口溜、对联、益智游戏等文化产品，不断创新和丰富帮助少年儿童了解、感受和理解党的十八大精神的生动载体。

正文：

《中国少年先锋队章程》规定，我们少先队的创立者和领导者是中国共产党。党委托中国共产主义青年团直接领导少先队。

中国共产党：是中国工人阶级的先锋队，是中国人民和中华民族的先锋队，是中国特色社会主义事业的领导核心，代表中国先进生产力的发展要求，代表中国先进文化的前进方向，代表中国最广大人民的根本利益。

中国共产主义青年团：是中国共产党领导的先进青年的群众组织，是广大青年在实践中学习中国特色社会主义和共产主义的学校，是中国共产党的助手和后备军。

中国少年先锋队：是中国少年儿童的群众组织，是少年儿童学习中国特色社会主义和共产主义的学校，是建设社会主义和共产主义的预备队。

（少儿版）小朋友们：你们知道吗？如果把中国比喻为大家庭，中国少年先锋队就是家庭中的小成员，中国共产党便是妈妈，中国共青团是哥哥（姐姐），我们共同建设幸福和谐的家庭。

党的十八大是在我国进入全面建成小康社会决定性阶段召开的一次十分重要的大会。为我们描绘了一幅全面小康的幸福画卷，铺开了一条通向美好未来的希望大道。

（少儿版）去年11月，我们国家迎来了一件大事、一件喜事。那就是中国共产党召开了重要会议，许多爷爷、奶奶、叔叔、阿姨以及哥哥、姐姐，到北京共同商议国家大事。

一、党代会简介

1. 党代会是什么？党的全国代表大会和它所产生的中央委员会是中国共

产党最高领导机关。每5年举行一次，由中央委员会召集。

2. 历次党代会在哪儿开的？

历次中国共产党全国代表大会	
·中国共产党第一次全国代表大会(1921.07 上海-南湖)	·中国共产党第二次全国代表大会(1922.07 上海)
·中国共产党第三次全国代表大会(1923.06 广州)	·中国共产党第四次全国代表大会(1925.01 上海)
·中国共产党第五次全国代表大会(1927.04 武汉)	·中国共产党第六次全国代表大会(1928.06 苏联莫斯科)
·中国共产党第七次全国代表大会(1945.04 延安杨家岭)	·中国共产党第八次全国代表大会(1955.09 北京)
·中国共产党第九次全国代表大会(1959.04 北京)	·中国共产党第十次全国代表大会(1973.08 北京)
·中国共产党第十一次全国代表大会(1977.08 北京)	·中国共产党第十二次全国代表大会(1982.09 北京)
·中国共产党第十三次全国代表大会(1987.10 北京)	·中国共产党第十四次全国代表大会(1992.10 北京)
·中国共产党第十五次全国代表大会(1997.09 北京)	·中国共产党第十六次全国代表大会(2002.11 北京)
·中国共产党第十七次全国代表大会(2007.10 北京)	·中国共产党第十八次全国代表大会(2012.11 北京)

二、党的十八大基本情况

1. 大会什么时候在哪儿召开？党的十八大于2012年11月8日至14日在首都北京隆重召开。

2. 大会有哪些主要成果？大会通过了胡锦涛同志代表十七届中央委员会所作的报告和《中国共产党章程（修正案）》（下图：修改后党章摘要）。

大会选举产生了以习近平同志为总书记的新一届中央领导集体。

《党章》规定，中国共产党以马克思列宁主义、毛泽东思想、邓小平理论、“三个代表”重要思想和科学发展观作为自己的行动指南。《党章》强调，科学发展观，是同马克思列宁主义、毛泽东思想、邓小平理论、“三个代表”重要思想既一脉相承又与时俱进的科学理论，是马克思主义关于发展的世界观和方法论的集中体现，是马克思主义中国化最新成果，是中国共产党集体智慧的结晶，是发展中国特色社会主义必须坚持和贯彻的指导思想。

三、党的十八大报告主要内容

1. 大会的主题。大会的主题：高举中国特色社会主义伟大旗帜，以邓小平理论、“三个代表”重要思想、科学发展观为指导，解放思想，改革开放，凝聚力量，攻坚克难，坚定不移沿着中国特色社会主义道路前进，为全面建成小康社会而奋斗。

2. 十年的辉煌成就。过去的十年，我们取得一系列新的历史性成就，为全面建成小康社会打下了坚实基础。我国经济总量从世界第六位跃升到第二位，社会生产力、经济实力、科技实力迈上一个大台阶，人民生活水平、居民收入水平、社会保障水平迈上一个大台阶，综合国力、国际竞争力、国际影响力迈上一个大台阶，国家面貌发生新的历史性变化。人们公认，这是我国经济持续发展、民主不断健全、文化日益繁荣、社会保持稳定的时期，是着力保障和改善民生、人民得到实惠更多的时期。

（少儿版）过去的十年，我们的祖国在政治、经济、科技、文化、军事等方方面面都取得了十分巨大的成就，我们成功举办了北京奥运会、残奥会和上海世博会，战胜了汶川特大地震等大自然给我们造成的灾害，在废墟上重建了“依然美丽的四川”，经受住各种困难和风险考验，我们的祖国是一天比一天富强了，作为一名中国人，是不是应该感到骄傲和自豪呢？

那么，就让我们一起来了解过去十年，我们的祖国和家乡都有哪些变化？

（1）第二大经济体

目前，我国经济总量占世界份额由4.4%提高到10%左右，成为世界第二大经济体。据官方数据显示，中国2010年GDP（国内生产总值）为58786亿美元，比日本2010年GDP多4044亿美元，中国GDP超过日本正式成为世界第二大经济体。

（少儿版）现在，我国经济总量排名已是世界第二位。这个跟大家联系可紧密了，拿我们每个小朋友的家里来说，爸爸妈妈的收入更多，小朋友们吃的更加丰富、营养，身上穿的更加暖和漂亮，家里住的房子也更加宽敞整洁。

生动案例：

★义务教育学生营养餐改善计划。国务院办公厅《关于实施农村义务教育学生营养改善计划的意见国办发［2011］54号文件》规定，各级政府、教育机构专项拨款，特设专项资金，为学生提供蛋、奶、肉、蔬菜、水果等加餐或课间餐。

（2）“神舟”飞天

●“神舟”五号：2003年10月15日，我国第一艘载人飞船“神舟”五号成功发射。我国首位航天员杨利伟成为太空的第一位中国访客。

●“神舟”六号：2005年10月12日，我国第二艘载人飞船“神舟”六号成功发射，航天员费俊龙、聂海胜被顺利送上太空。

●“神舟”七号：2008年9月25日，我国第三艘载人飞船“神舟”七号成功发射，三名航天员翟志刚、刘伯明、景海鹏顺利升空。27日，翟志刚第一次出舱活动。

●“天宫”一号：2011年9月29日，我国无人太空实验舱“天宫”一号由酒泉卫星发射中心成功发射，为永久载人空间站迈出关键一步。

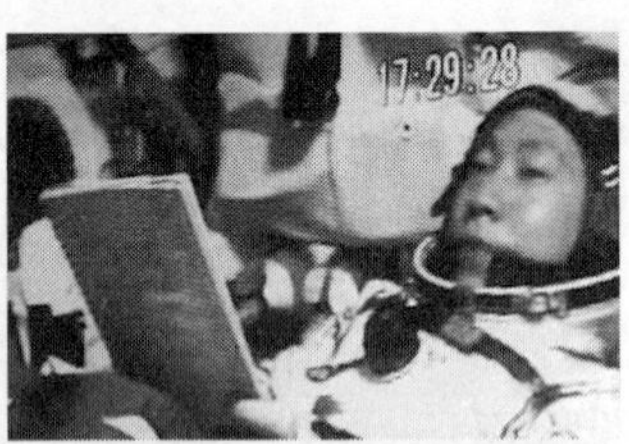

● “神舟”八号：2011年11月1日，“神舟”八号飞船在酒泉卫星发射中心发射升空，我国突破了载人航天的空间交会对接技术。

● “神舟”九号：2012年6月16日，“神舟”九号飞船在酒泉发射中心发射升空。我国第一个飞翔太空的女航天员——刘洋，乘坐着“神舟”九号航天飞船，与景海鹏、刘旺一起到达太空。

（少儿版）传说中月亮上住着一个漂亮的姐姐，她的名字叫作嫦娥。像嫦娥姐姐那样奔月的“飞天”梦想（注意说明只实现了“飞天梦”，目前还没登上月球）在我们这一代实现了。第一位是杨利伟叔叔，他2003年就乘坐着我们自己研制的航天飞船“神舟”五号飞上了太空。2012年，我们中国第一个遨游太空的女航天员——刘洋阿姨，她乘坐着“神舟”九号航天飞船，与景海鹏叔叔、刘旺叔叔一起到达了太空。

（3）“蛟龙”探海

2012年8月18日，我国自主研发的第一个7000米载人深海潜水器——“蛟龙”号，历时49天、航程1万余海里，成功下潜到5057米，并顺利从海底传回图像和声音。意味着我国载人潜水器具备了探测全球75%海底的能力。

（少儿版）看，有谁知道，这些漂亮的鲸鱼、鲨鱼、珊瑚……生活在哪里吗？是啊，海底是鱼儿的世界，那里不仅生活着各种各样美丽的鱼，还生长着千姿百态的珊瑚、并蕴藏着宝藏。

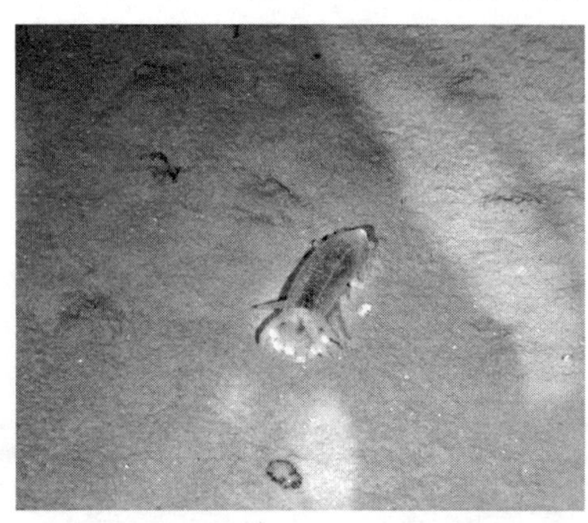

下面，大家猜一猜它们生存在海底下多少米吗？我来告诉大家吧，这些海洋生物都生存在海下近7000多米的水世界里，左边的这个生物是我国的“蛟龙”号下潜到6963米的海洋里面发现的生物。

（4）北京奥运会

第二十九届奥林匹克运动会，又称北京奥运会，于2008年8月8日在我国首都北京开幕，8月24日闭幕。我国以51面金牌居奖牌榜首，是奥运历史上首个登上金牌榜首的亚洲国家。

（少儿版）你们还记得2008年北京的夏天吗？我们成功举办了一次盛会——北京奥运会。吉祥物是福娃，共有5个，每个娃娃都有一个朗朗上口的名字：“贝贝”、“晶晶”、“欢欢”、“迎迎”和“妮妮”。

在北京奥运会上，中国是赢得金牌最多的国家，一共有51枚。其中，四川的“体操小王子”邹凯一个人就获得了3块金牌。

跳水
Diving

小轮自行车
BMX

网球
Tennis

（5）航空母舰

“辽宁”号航空母舰，简称“辽宁舰”，舷号16，是中国人民解放军海军第一艘可以搭载固定翼飞机的航空母舰。2012年9月25日，更名为“辽宁”号，交付中国人民解放军海军；至此，“辽宁”号成为我国第一艘现代航母。

罗阳，1961年6月29日生，辽宁沈阳人。烈士、全国优秀共产党员、“全国五一劳动奖”章获得者、航空报国英模。歼-15研制现场行政总指挥、中航工业沈阳飞机工业（集团）有限公司董事长、总经理。2012年11月25日，在大连执行任务时，突发急性心肌梗死、心源性猝死，经抢救无效，在工作岗位上殉职，享年51岁。

（6）莫言——中国第一位诺贝尔文学奖获得者

诺贝尔奖是以瑞典著名的化学家、硝化甘油炸药的发明人阿尔弗雷德·贝恩哈德·诺贝尔的部分遗产（3100万瑞典克朗）作为基金创立的。诺贝尔奖分设物理、化学、生理或医学、文学、和平5个奖项，1901年首次颁发。我国作家莫言2012年10月11日获得2012年诺贝尔文学奖，成为首位获此奖项的中国籍作家。

（少儿版）现在全世界有一个非常有名的奖项：“诺贝尔奖”，每年都会颁发。今年，我们国家的莫言爷爷就获得了“诺贝尔文学奖”，是我国第一个获得该项荣誉的人。

1957年，李政道和杨振宁因“发现宇称原理的破坏”而被授予诺贝尔物理学奖。

1976年，丁肇中因“发现一类新的基本粒子”而获得诺贝尔物理学奖。

1986年，李远哲因“发明了交叉分子束方法使详细了解化学反应的过程成为可能，为研究化学新领域——反应动力学做出贡献”而获得诺贝尔化学奖。

1997年，朱棣文因“发明了用激光冷却和俘获原子的方法”荣获诺贝尔物理学奖。

1998年，崔琦与德国的霍斯特·斯托尔默和美国的罗伯特·劳克林因在“量子物理学研究做出的重大贡献”而获诺贝尔物理学奖。

（7）“5·12”汶川特大地震

2008年5月12日14时28分04秒，四川汶川、北川，8.0级强震猝然袭击，这是新中国成立以来破坏性最强、波及范围最广、救灾难度最大的一次地震。四川重灾区达到10万平方公里，极重灾县和重灾县达到51个，4600多万人不同程度受灾。

为表达全国人民对四川汶川大地震遇难同胞的深切哀悼，国务院决定，2008年5月19日至21日为全国哀悼日。自2009年起，每年5月12日为全国防灾减灾日。

（少儿版）2008年5月12日，大地不停地颤抖，大山、河流的位置发生了变化，房屋都被地震摇垮了、倒塌了，导致四川4600多万人不同程度受灾。（注意避免过度悲伤的情绪，简要带过即可）上面这一组图片就是地震后的汶川县城，我们可以看见当时的破坏十分严重。但在地震发生后，我们不孤单，胡锦涛爷爷、温家宝爷爷等带着解放军叔叔们和全国人民的爱心来到灾区帮助我们，给我们送水、送食物、送帐篷、送医疗物品。

随后3年里，来自全国各地的叔叔阿姨、哥哥姐姐们帮助我们重建家园，今天的灾区焕然一新，更加美丽；最美、最安全的地方是学校，最漂亮的是民居，最现代的是医院。

生动案例：

★伟大抗震救灾精神：2008年5月31日，胡锦涛同志提出了抗震救灾精神："自强不息、顽强拼搏、万众一心、同舟共济、自力更生、艰苦奋斗。"

★抗震救灾小英雄：2008年6月27日，中央文明办、教育部、团中央、全国妇联联合评选表彰了"抗震救灾英雄少年"和"抗震救灾优秀少年"。他们中有带领小朋友们唱《国歌》的许中政，"敬礼娃娃"郎铮，"可乐男孩"薛枭，"总理让路的女孩"宋馨懿等。

（8）灾后重建

全国18个省市对口支援四川地震重灾区。

序号	支援省市	受灾地	序号	支援省市	受灾地
1	山东省	四川省北川县	10	福建省	四川省彭州市
2	广东省	四川省汶川县	11	山西省	四川省茂县
3	浙江省	四川省青川县	12	湖南省	四川省理县
4	江苏省	四川省绵竹市	13	吉林省	四川省黑水县
5	北京市	四川省什邡市	14	安徽省	四川省松潘县
6	上海市	四川省都江堰市	15	江西省	四川省小金县
7	河北省	四川省平武县	16	湖北省	四川省汉源县
8	辽宁省	四川省安县	17	重庆市	四川省崇州市
9	河南省	四川省江油市	18	黑龙江省	四川省剑阁县

截至2011年9月，国家规划的39个重灾县重建任务胜利完成，我省规划的103个一般受灾县重建任务基本完成，实现了"家家有房住、户户有就业、人人有保障、设施有提高、经济有发展、生态有改善"的重建规划目标。

（少儿版）下页图一是"5·12"汶川地震后的北川县城，可以看出很多房屋都倒塌了，几乎是一片废墟。其余的图片是如今的北川新县城，到处都是崭新的住房，它被全国评为了"年度时尚城市"，还被社会各界誉为"中国最美县城"。

图一

大家都知道，在“5·12”汶川地震后，到处都是一片废墟，在全国叔叔阿姨的大力支持和帮助下，我们在废墟上建起了美丽家园。那些曾经的山河破碎之地，已经在灾难中浴火重生，我们书写出一幕幕令世人惊叹的“中国奇迹”。

图一

图二

图三

接下来，图一是2011年6月在汶川县映秀镇建成的汶川青少年活动中心，它是由团中央划拨1272万元特殊团费援建的。图二是2011年10月竣工的德阳市青少年宫。图三是2012年8月落成的绵阳市青少年活动中心，它和德阳市青少年宫都是由中央和香港童军会的叔叔阿姨们共同援助修建的，两地一共花费了灾后重建资金2000万人民币和2000万港币。这些都是我们的校外活动阵地，可以学习书法、唱歌、跳舞等等。

生动案例：

★汶川县水磨古镇融会历史文化、川广发展理念、藏羌人文风情，被誉为汶川大地震灾后重建第一镇。还有绵竹市、什邡市、青川县、都江堰市、平武县、彭州市等极重灾区都换了新貌。

★“灾后重建发展范例城市”：2011年，瑞士当地时间5月11日，在第三届联合国减少灾害全球平台大会上，联合国减灾战略署把“灾后重建发展范例城市”的殊荣授予了成都市，成都市创造了科学救灾、科学重建的样板。

（9）西部综合交通枢纽

“十二五”期间，我省计划完成交通建设投资4000亿元以上。到2015年，基本建成西部综合交通枢纽，破解“蜀道难”历史问题，交通总体发展水平进入全国前列。

（少儿版）上面的图片是不是很漂亮？可是你们知道它是哪个地方吗？

让我来告诉大家吧！

左边的图是我们成都城际铁路的一段，它穿越了都江堰市的一个新建小区。右边是四川的第一大港口泸州的夜景。但是你们知道吗？在很久以前，四川交通十分不便。唐朝有“诗仙”之称的伟大浪漫主义诗人李白，到四川时，路途十分艰难，他写了一首大家熟悉的《蜀道难》。

但是，现在完全不一样了，四川交通四通八达，公路、铁路、地铁、飞机、轮船，样样都有。到2015年，我们还会修很多铁路、公路，成都将完成地铁七号线修建，将会有重庆、西藏等全国各地，甚至国外的叔叔阿姨到四川来做生意，这里将成为西部地区的一个中心和枢纽。

生动案例：

★成灌高铁是我国第一条市域铁路，从勘探到竣工通车用时18个月。成灌快铁开通后，乘客从成都出发30分钟可到都江堰。白天在成都上班，晚上可以在青城山居住。

★成都地铁一号线作为中国西部地区第一条地铁，已于2010年国庆节前投入运营。

★成都双流飞机场为全国第五大机场，西部地区第一大机场。

★西攀高速公路是西昌市至攀枝花市的高速公路，起于西昌市黄连关，止于攀枝花，全长162. 8公里。全线按双向四车道高速公路标准新建，概算总投资为88. 95亿元。是新中国成立以来四川投资最大的公路项目，也是节约投资巨大的项目。目前，以成都枢纽为中心的高速公路有7条，未来直接引入成都枢纽的高速公路达16条。通过规划建设，全省将打通23条出川高速，总里程达8600公里。

（10）“两化”互动

“两化”指联动推进新型工业化和新型城镇化，在城市规划、建设、管理方面突出特色，加快发展，明显提升城市形象和品位。

生动案例：

★天府新区将形成“一带两翼”的产业空间布局，以现代制造业为主、高端服务业集聚、宜业宜商宜居的国际化现代新城区。 作为建设成渝经济区成都极核的龙头项目，与成渝经济区一道上升为国家战略，被列入西部5大重点城市新区之一，包括成都市高新区南区、龙泉驿区、双流县、新津县，资阳市的简阳市，眉山市的彭山县、仁寿县，共涉及3市7县（市、区）37个乡镇和街道办事处，总面积1578平方千米。

★全球每两台笔记本电脑的芯片就有一枚是成都造，全球每5台笔记本电脑就有一台是成都造，全世界超过半数的iPad产自成都。

★三圣花乡位于成都市锦江区，按照城乡统筹发展的要求，先后打造了“花乡农居”、“幸福梅林”、“江家菜地”、“荷塘月色”、“东篱菊园”5个主题景点，那里四季花开不断、蝶舞蜂飞，景区基础设施完备、文化氛围浓郁。先后被国家旅游局、建设部、文化部等部门授予“国家AAAA级旅游景区”、“首批全国农业旅游示范点”、“中国人居环境范例奖”等荣誉称号。

3. 美好未来的展望

（1）“两个目标”

第一个目标：一定能在中国共产党成立100年时全面建成小康社会。（“两个翻番”：实现国内生产总值和城乡居民人均收入比2010年翻一番）

（少儿版）小朋友们：中国共产党是1921年成立。等到2020年左右，就是我们共产党的100岁生日。到那时，人民收入也会比现在更多了，将会有更好的教育、更稳定的工作、更满意的收入、更可靠的社会保障、更高水平的医疗卫生服务、更舒适的居住条件、更优美的环境。当然，我们的小朋友们一定也会成长得更好、工作得更好、生活得更好。

第二个目标：一定能在新中国成立100年时建成富强民主文明和谐的社会主义现代化国家。

（少儿版）小朋友们：中华人民共和国是1949年成立的，等到2050年左右，就是我们祖国母亲的100岁生日。到那时，我们国家会建成现代化国家，将有更多的高楼大厦、更多的汽车、更快的火车、更多的飞机，更多高科技的发明，还有人们之间的关系也会更加的和睦、友善，社会上也会有更多献爱心的好心人。

（2）“美丽中国”

党的十八大报告指出，“把生态文明建设放在突出地位，融入经济建设、政治建设、文化建设、社会建设各方面和全过程，努力建设美丽中国，实现中华民族继续发展。”

（少儿版）小朋友们：你听！小鸟儿唱着歌。你看！蝴蝶翩翩起舞。这是公园吗？当然不是啦！这是我们美丽的家乡、美丽的中国。习爷爷说，会给我们留下一个“天蓝、地绿、水净”的美好家园。

（3）科学发展观

科学发展观是指坚持以人为本，树立全面、协调、可持续的发展观，促进经济社会和人的全面发展，按照“五个统筹（统筹城乡发展、统筹区域发展、统筹经济社会发展、统筹人与自然和谐发展、统筹国内发展和对外开放）的要求，推进各项事业改革和发展的一种方法论。党的十八大指出，科学发展观是中国特色社会主义理论体系最新成果，是中国共产党集体智慧的结晶，是指导党和国家全部工作的强大思想武器。把科学发展观确立为党的指导思想。

科学发展观第一要义是发展，核心是以人为本，基本要求是全面协调可持续发展，根本方法是统筹兼顾。

（少儿版）小朋友们：我们身边到处都是科学发展的例子，比如几年前的老城里（可具体到当地地名或城市），到处是烟囱林立，气味刺鼻，五颜六色的污水直接排入了河里……

今天，这些都越来越少了是不是？天空比以前更蓝了，河流的水也比以前更清澈了，四周的绿地也慢慢多了起来，城里的空气越来越清新了。

（4）“八个坚持”

党的十八大报告指出，“必须坚持人民主体地位。必须坚持解放和发展社会生产力；必须坚持推进改革开放；必须坚持维护社会公平正义；必须坚持走共同富裕道路；必须坚持促进社会和谐；必须坚持和平发展；必须坚持党的领导。”

（少儿版）小朋友们：我们都是少先队员，都还记得入队誓词吗？“我热爱中国共产党，热爱祖国，热爱人民，好好学习，好好锻炼，准备着，为共产主义事业贡献力量！”

（5）“五位一体”

“五位一体”，即经济、政治、文化、社会和生态五大建设一起抓，并列于中国特色社会主义的理论体系之中成为一体。

（少儿版）小朋友们：大家一定要牢牢地记住，建设美丽中国一定要从现在开始，注意保护我们的环境、爱护花草、树林、河流，爱护环境就好比是一个养分，只有环境越来越美了，才会有将来的美丽中国。

（6）“三型”政党

党的十八大报告指出，“建设学习型、服务型、创新型的马克思主义执政党。”“加强社会建设，必须以保障和改善民生为重点。要多谋民生之利，多解民生之忧，解决好人民最关心最直接最现实的利益问题，在学有所教、劳有所得、病有所医、老有所养、住有所居上持续取得新进展，努力让人民过上更好的生活。”

（少儿版）小朋友们：中国共产党是我们少先队的创立者和领导者。党的宗旨是全心全意为人民服务，我们的党为人民办了很多实事、好事、大事。

四、畅想“2020幸福生活”

（少儿版）小朋友们：十八大描绘的幸福生活是不是很美好？接下来，让我们想一想、讲一讲你心中的2020年，你心中的幸福生活是什么样子的，好不好？

小朋友们，你们2020年最大的愿望是什么？

小朋友们，你们2020年最想去的地方是哪儿？

小朋友们，你们2020年最期待的一件事情是什么？

……

五、如何创造我们的幸福生活？

（少儿版）2020年的幸福生活好不好？那么，为了我们的幸福明天，我们在今后的学习、生活中应该怎么做呢？

1. 树立正确的世界观、人生观和价值观。世界观：一种对所处世界的一般性概念，信仰（Beliefs）、价值以及形而上的预设立场，都编织在一起，赋予了这个世界一种意义（重要性）。

人生观是指人们对人生的根本态度和看法，包括对人生价值、人生目的和人生意义的基本看法和态度。

价值观代表一个人对周围事物是非、善恶和重要性评价。人们对各种事物的评价，如对自由、幸福、自尊、诚实、服从、平等，心中有轻重主次之分。

（少儿版）党教导我们，要做德智体美全面发展的社会主义建设者和接班人。我们都是中国少年先锋队队员，要记住入队誓言，好好学习，快乐成长，等长大后做一名社会主义事业的合格建设者和可靠接班人！

2. 牢固树立“社会主义核心价值观”。党的十八大报告指出，“要深入开展社会主义核心价值体系学习教育，用社会主义核心价值体系引领社会思潮、凝聚社会共识。”“倡导富强、民主、文明、和谐，倡导自由、平等、公正、法治，倡导爱国、敬业、诚信、友善，积极培育和践行社会主义核心价值观。”

祖国在我心中

（少儿版）我们在生活中要做一个讲诚信的孩子，要关爱身边每一个人，还要热爱劳动等。只要我们大家不断努力，一定会建设好我们美好的家园。

3. 努力做到“三个永远热爱”。党的十八大报告指出，“永远热爱我们伟大的祖国，永远热爱我们伟大的人民，永远热爱我们伟大的中华民族。”

（少儿版）敬爱的周总理在12岁的时候就曾经说过：“为中华崛起而读书！”邓小平爷爷深情地表白：“我是中国人民的儿子，我深深地爱着我的祖国和人民。”胡锦涛爷爷在“5·12”汶川地震时说：“任何困难都难不倒英雄的中国人民。”

我们都是中国人，祖国就是一个大家庭，叔叔阿姨们都是我们的亲人；我们都是华夏儿女、炎黄子孙，有56个民族的兄弟姐妹。作为一家人，我们是不是该热爱自己的亲人呢?

4. 坚持不懈地“三个奋斗”。党的十八大报告指出，“顽强奋斗、艰苦奋斗、不懈奋斗，就一定能在中国共产党成立100年时全面建成小康社会，就一定能在新中国成立100年时建成富强民主文明和谐的社会主义现代化国家。”

目前，我们面临着人口多、底子薄，发展还很不平衡的基本国情，经济发展的资源环境压力不断加大，制约科学发展的体制机制障碍依然较多，还有1亿多人生活在联合国设定的贫困线以下……

（少儿版）小朋友们：2020的幸福生活很美好，美丽中国很漂亮，这么美好的生活向不向往啊？但是，我们国家很大，还有很多贫困的地方；现在距2020年也还有8年，所以，我们要以艰苦奋斗为荣，好好学习，勤奋学习，为了美好的生活而努力。

5. 积极争当“四好少年”。胡锦涛同志曾对少年儿童提出，“要争当热爱祖国、理想远大的好少年；要争当勤奋学习、追求上进的好少年；要争当品德优良、团结友爱的好少年；要争当体魄强健、活泼开朗的好少年。时刻准备着为建设富强民主、文明和谐的社会主义现代化国家贡献智慧和力量。”

（少儿版）胡爷爷曾教导我们要做几好少年？“四好少年”！所以，我们要有远大理想，热爱祖国；要有爱心，主动关爱他人，还要德、智、体、美、劳全面发展，做一个好少年。

6. 积极建设“富裕民主文明和谐的新四川”。四川省第十次党代会的主题：高举中国特色社会主义伟大旗帜，以邓小平理论和“三个代表”重要思想为指导，深入贯彻落实科学发展观，把握新形势新任务，科学发展，执政为民，大力推进改革开放和现代化事业，加快全面建设小康社会进程，为建设西部经济发展高地而奋斗。

（少儿版）四川省委书记王东明爷爷说，要“开创四川科学发展新局面！”从今天起，我们要做一个讲文明的孩子，要有爱心，主动关心身边的人们，共同建设我们美丽的家乡，让我们的四川越来越美丽，让我们的生活越来越幸福。

附录三 “红领巾相约中国梦”教育提纲

全国少工委

一、什么是“中国梦”

习近平总书记代表党中央提出了实现中华民族伟大复兴的“中国梦”。“中国梦”是人民的梦，每个中国人都是“梦之队”的一员。

中华民族有5000多年的悠久历史，创造了灿烂的中华文化，为世界做出了重大贡献，比如四大发明等。中华民族是56个民族组成的团结的大家庭。

但是，近代170多年前开始，中国衰落了，遭受深重的苦难，中国人民曾进行各种努力和抗争，但没有成功。为了改变落后挨打的状况，优秀的中国人在1921年成立了中国共产党。党带领人民顽强奋战，结束了战乱，在1949年建立了新中国，后来实行改革开放，让人民的生活一天天好起来。今天，中国的老百姓丰衣足食，过上了好日子，但是还有的地方比较落后，需要继续改善。

实现“中国梦”，就是要在建党100年的时候（2020年左右）全面建成小康社会，让我们有更好的学校，更舒适的住房，更方便的交通，更干净更美丽的自然环境，更好的工作和生活；在新中国成立100年的时候（2050年左右）建成社会主义现代化国家，实现中华民族伟大复兴，我们的国家会更富强、民族会更振兴、生活会更幸福，中国将成为强盛中国、文明中国、和谐中国、美丽中国。

国家富强就好比一个人身体强壮。国家富强表现在，不仅经济总量要排在世界前列，人均也要比现在强得多；东部和西部、中部，城市和农村都发展起来了，环境也更加美好；我们还会有强大的国防，不怕其他国家欺负我们；我们既能维护自己的国家利益，还要维护世界的和平，帮助其他国家发展。

民族振兴就是说我们中华民族和世界上其他民族平等相处，受到世界其他民族的尊重；我们能够心往一处想、劲儿往一处使，中华民族的文明和创造能为人类做出更大的贡献；我们每个人都因为是中华民族的一员而自豪。

人民幸福就是说我们每个人都能过得越来越好，不仅生活水平越来越高，文化生活也将很丰富，人与人之间相互关爱，生活中处处充满阳光；我们每个人都有人生出彩的机会，都能通过努力去实现自己的梦想。

二、实现“中国梦”要走中国道路

中国共产党是中国先进的成年人组成的，是在各行各业中冲锋在前的，是全心全意为老百姓服务的，是领导咱们国家的。现在我们国家的经济总量已经到了世界的第二位，大家的生活越来越好了，这是因为党在前面带领我们才取得的，党还要带领我们过更好的日子。我们要尊敬党、相信党、听党的话。

中国特色社会主义，简单地说，就是党领导全国人民努力奋斗，根据我们的国情，科学发展，共同富裕，靠辛勤劳动创造幸福生活。

要实现“中国梦”需要沿着正确的道路才能到达。党领导我们走的中国特色社会主义道路，就是这条正确的道路，它适合我们国家。就像火车头拉着整列火车，沿着铁路线，向着预定目标前进。

三、实现“中国梦”要有中国精神

一个人要有“精气神”，才能干成事，实现自己的梦想；中国和中国人也要有“精气神”，才能实现“中国梦”。中国精神最主要的内容是爱国主义和改革创新。

爱国主义就是热爱祖国，尽己所能为国家出一份力，不做损害国家尊严和利益的事。我们应该响应国家号召，做自己能做的事。比如，爱护国旗，爱惜印有国旗、国徽图案的物品，在条件允许的情况下听到国歌要肃立；在与外国人交往和在国外时不卑不亢，体现中国人良好形象；敬重为国家做出牺牲和特殊贡献的人，有条件的情况下去烈士陵园扫墓祭奠。改革创新就是在努力掌握现有知识和情况的基础上，继承好的东西，抛弃不好的落后的东西，创造新的先进的东西。比如，我们在设计少先队活动时，要不墨守成规，勇于改掉中队、小队活动中一些队员们不喜欢的活动方式，多创造队员们感兴趣、有意义有意思的新活动；遇到困难和问题，在可能的情况下，要多思考、想办法，找到更好的解决方案。我们要有这样的精神。

四、实现“中国梦”要靠中国力量

每一个人的力量是有限的，大家团结起来力量大。俗话说：“一支筷子轻轻被折断，十双筷子抱成团折不断”。我们每一个人都是中华民族的一分子，只要我们万众一心，为实现梦想而奋斗，就没有克服不了的困难，实现“中国梦”的力量就无比强大。

五、“我的梦”与“中国梦”

每个人都有自己的梦想。“中国梦”是所有中国人共同的梦想。我们生活在中国的土地上，中国的一切都与我们息息相关。中国富强了，我们都光荣，都能过得好；中国如果衰落了，我们都抬不起头，都要受损害。国家好，民族好，大家才会好。当中国梦实现的时候，我们每个人都能享受到它带给我们的幸福。

每个人都有实现梦想的机会，个人的梦想只有与中国梦保持一致的方向，为它去奋斗，才可能梦想成真。在实现自己梦想的过程中，也要帮助别人实现梦想，使一个个“小梦”汇成“大梦”。

就像我们每个人都爱自己的家，都会按照家庭的需要做些事，都会为家里做贡献。如果家建设好了，全家每个人都能过好日子。

六、少先队员要为实现“中国梦”做好准备

“中国梦”是美好的，但目前我国人均收入在世界上还排在后面，根据联合国标准，我国还有1亿多人生活在贫困线以下，还存在着一些贫困地区，不少小伙伴的学习生活还比较困难。我们国家与发达国家相比还有很大差距，要追上他们，超过他们，需要付出艰苦的努力。“中国梦”的实现，是一个长期的过程、艰苦的过程、充满困难和挑战的过程，就像接力赛跑一样，需要一代又一代中国人不懈努力。

我们今天的少先队员是明天中国的建设者和接班人，实现“中国梦”的接力棒将传到我们这一代少先队员手中。这就需要我们每个人保持清醒的头脑，冷静地思考，脚踏实地地行动，从现在做起，为实现“中国梦”做好全面准备。

我们要志存高远。就是要树立远大的理想和志向。人的生命只有一次，应该过得有意义。我们不仅要立志让自己和家里人过得幸福，还应该让周围的人、让社会上更多的人过得更好。如果能够为国家、为民族做出贡献，这样的人生更加幸福和有意义。我们要“为中华崛起而读书”，为实现“中国梦”而努力。

我们要增长知识。就是要好好学习，练好本领。有梦想，有机会，有奋斗，一切美好的东西都能够创造出来。人世间的一切幸福都要靠劳动创造。对于少先队员来讲，奋斗和劳动就体现在勤奋学习、练好本领上，这样才能在将来创造幸福生活，实现梦想。比如，要多读书、多实践，让兴趣成为自己最好的老师，遇到问题多问为什么，多想怎么办，多做探索尝试，尽力解决它。

我们要锤炼意志。把“中国梦”的蓝图变成现实需要付出艰苦的努力，需要具有坚强的意志。我们要从克服学习和生活中的一个个困难开始，从小培养艰苦奋斗、不懈奋斗、顽强奋斗的意志品质。比如，遇到困难不退缩，遇到失败不泄气，做事情不拖拉，劳动不偷懒，锻炼身体不怕苦。要乐观向上，积极努力，创造人生的美丽和精彩，与所有中国人一起去实现“中国梦”。

附录四　辅导员论坛

红领巾小社团的发展探究

文/罗亚男

所谓“红领巾小社团”，是由兴趣爱好相同、性情接近的少先队员(人数不少于5人)按照自发、自愿的原则，组织建立起来的社团组织，是以自主管理为主要活动方式来开展专题学习研究活动的。它依托于学校少先队大队部开展活动，有章程、有活动、有记录、有阵地、有辅导员，在活动中能够充分发挥成员的主动性和创造性。也可以说，它是在学校大队部指导、管理下，少先队员按自己的兴趣爱好，自发、自愿、自觉建立起来的跨中队、小队开展主题活动的一种少先队组织形式。

近年来，“红领巾小社团”活动更富特色，已发展成为少先队品牌活动之一。“红领巾小社团”在引导少年儿童开阔视野、掌握知识、培养品格、锻炼意志能力等方面起到了重要的作用。但是，有些辅导员认为“红领巾小社团”是“自发”组织，应完全“自主”管理，对其放任自流，致使“红领巾小社团”成为孩子们的一场“小游戏”。由此可见，如何面对“红领巾小社团”是大队辅导员工作中一个需要重视和研究的问题。

例一：一次，“小精灵”环保小社团邀请手拉手单位的两位姐姐来教他们制作环保时装。经过双方协商，活动时间定在星期日的上午，地点定在学校。这可让小团长犯了难，因为有几个团员的家长不愿意让孩子在休息日参加活动，担心影响他们的学习。大队辅导员了解此事后，亲自给每一位家长打电话，讲明此次活动的意义，做通了家长的思想工作。结果，此次活动不但让孩子们学到了环保时装制作的技巧，还极大地激发了他们的创作灵感，为他们的六一环保时装表演奠定了坚实的基础。试想，如果没有大队辅导员的支持，这一小社团的活动能进展得如此顺利吗？

例二：少代会召开前夕，为保证提案的质量，大队组织委员在大队辅导员的支持下，发起并临时组建了“红领巾少代会提案社团”，其团员是7名爱好写作的队员。他们不仅自发成立了这个小社团，还聘请语文老师和大队辅导员当他们的特约顾问。第一次活动，他们就请老师讲了两个问题：“什么是提案”和“怎样写提案”。在活动中，队员们学到很多知识，也锻炼了多方面的能力。比如：他们知道了提案要分四部分写：①提案标题；②问题动机和意义；③对所提问题的分析；④提案的意见和建议。在大队辅导员的帮助下，他们通过问卷调查，专题调研、个别采访，完成了“呼唤父爱”、“加强儿童体育场所建设”、“减负之后的困惑”、“增设课堂选修课”、“精神减负最重要”5个提案。据悉，这个临时组建的小社团圆满完成任务后，已转型为“校园小记者社团”，不仅队伍扩大了，还经常给社会上的各个报刊供稿。这个特殊的小社团的发展，离不开大队辅导员的全力支持和悉心指导。

大队辅导员关爱“红领巾小社团”，为其出谋划策、排忧解难，令其魅力四射、永葆活力的案例举不胜举。但一般来说，作为大队辅导员，应该如何把握对“红领巾小社团”的管理和督导尺度，如何采取有力措施促进“红领巾小社团”的发展呢？下面介绍几种有效途径：

1. 为小社团提供科学的指导。无论是在社团的常规管理中，还是在社团的活动过程中，辅导员都要积极配合，科学指导。如果遇到专业性比较强的问题，可聘请专家一起把关，一同指导，或者找到联建单位共同开展活动，避免孩子们走弯路。每年可对小社团进行考核，帮助孩子们学会总结、扬长避短、不断创新。

2. 帮助小社团规范各种制度。“红领巾小社团”的章程要在学校大队部指导管理下由队员们自主制订。因此，大队辅导员一定要为其把章程制订好，使其科学易行，既有严格的制度性，又体现队员们的自主性。同时，可帮助孩子们建立并规范红领巾社团节、校园文化节、成果展示会等制度。

3. 及时与各方面进行协调。由于“红领巾小社团”可以组建在中队、年级、学校内，它的组织规模、活动时间都很灵活，有时活动会因此受到一些限制，这时特别需要大队辅导员出面与家长、中队辅导员或者其他相关人员协调各种关系、活动场所、必要资金等，为孩子们做开路先锋。

4. 为小社团提供展示机会。大队辅导员要利用一切机会让孩子们展示他们的成果。例如：评选“魅力红领巾小社团”，评选“红领巾小社团之星”，临时组建“少代会提案社团”、“少代会宣讲社团”等。辅导员还可将孩子们的优秀活动推出校园，鼓励他们参加省、市等各级的竞赛活动和评比，为他们加油助威，以提高小社团的凝聚力和战斗力。

优秀“红领巾小社团”标准：有一个快乐的亮点项目；有一批有专长的校内外指导者；有一群有特长爱好的少先队员；有一种积极向上的精神；有一句响亮的团训；有一段生动有趣的成长故事；有一首易学、易唱、易传的团歌；有一块相对固定的实践基地；有一本特色鲜明的活动教材；有一定社会的知名度和队员的满意度。

“红领巾小社团”日常管理工作“十有”：有名称，由队员自己起，充分表达队员的心愿；有标志，由队员自己创立，充分鼓舞士气；有规章，由队员集体确定，充分调动队员自勉自律；有分工，根据活动要求设立各种岗位，或根据每个人特长设立岗位，充分展示责任意识；有轮换，小干部和“小领袖”要实行轮换制，体现人人当家做主人的特点；有活动，活动要有计划性，体现本社团的宗旨和特点，做到自己的活动自己搞，自己的活动自己设计；有辅导，根据社团性质自行聘请，如聘请相关的专家、家长、老师、退休人员等，并根据活动内容的变化，随时变更或充实辅导员队伍；有基地，可以建在学校、家庭，也可以建在社区、单位或大自然中，既可以是固定，也可以流动；有评奖，社团内部应积极开展民主评选活动，还可与争章活动相结合；有手册，建立活动手册，及时记录活动情况和活动体会，并以此锻炼社团“小领袖”的管理能力。

讲究艺术，做好少先队辅导员

文/蒋雨敏

教育是科学，也是艺术。如今的儿童大多数是独生子女，其家庭往往采用“封闭式”教育，与同龄人的接触交往的机会少，使得他们待人缺少热情，而且比较自私，什么事都是以自我为中心，自制能力差，个性都较强。面对这样的情况，作为一名辅导员，充分利用班集体教育学生，更要讲究科学的艺术的方法。

陶行知担任校长时，一个男生向另一个男生扔砖头，陶行知制止后，责令其去校长办公室，这个少先队员准时来到。陶行知奖他一块糖，原因是他能按时到来；又奖他第二块，因为听话没有再扔砖头，能尊重校长；再奖第三块，由于被打的少先队员欺侮女生有错，他是有正义感的；奖第四块……我读了“四块糖”的故事给我很大启发：要做好少先队辅导员工作，我们不要一看到孩子犯错就粗暴地批评，而是寻求具体有效的措施，发现他的优点，艺术地处理，让他自己认识到错误。

一、探寻规律，科学育人

一个班往往由几十个性格各异的少先队员组成，面对几十个队员，辅导员工作虽然千头万绪、纷繁复杂，但有其内在的规律。就其工作对象而言，身心发展也有规律可循。少先队员求知欲强，喜欢新奇，爱好有趣味性的活动。作为班主任及辅导员的我经常组织丰富多彩的活动，开展一些知识性强、趣味性浓的活动，如小制作、各种知识竞赛、故事会等等。这类活动既能把文化知识和思想教育结合起来，又富有情趣；既能调动少先队员参加活动的积极性，又能收到良好的育人效果。

二、时刻关注，及时疏导

由于少先队员生活在一个复杂的现实社会，会受到各种消极因素的影响，需要及时排除疏导。在小学阶段，少先队员的自我评价还不成熟，因而家庭环境就会影响部分少先队员的情绪，如父母吵架、离异或者父母外出打工等，使少先队员产生焦虑、抑郁的心理，情绪波动较大，这时尤其需要辅导员的关爱和开导。古人云："水击石则鸣，人击志则宏"。这时要抓住这个时机，对少先队员正面鼓励、引导，就能把少先队员的激情转化为思想行为的内驱力，成为少先队员努力上进的起点：抓"偶发点"，及时疏导。一个班集体中意外之事时有发生。如有的少先队员在课堂上捣乱，有的少先队员干部突然闹情绪等。任何"偶发事件"总是事出有因，辅导员在处理事件时要深入调查，谨慎行事

三年级一个队员在上课时老打哈欠，睡觉。我把她留下来批评："你是劳动委员，是班干部要严格要求自己，晚上不能看太久的电视而耽误学习，你要起榜样作用。"可是几天下来，这个队员仍没精打采，且作业书写差还有不少错题。这时我意识到可能还有别的原因，于是，课后我把她单独叫到一边，亲切地询问。原来她妈妈生病了而且很严重，已住院一个星期了。她因为想妈妈，担心妈妈整夜睡不好觉。我了解这些情况后，感到十分内疚，由于自己的主观臆测，委屈了队员。我一面给队员擦眼泪，一面安慰说："放心吧，你妈妈会好起来的。你要勇敢坚强，好好学习，不让妈妈担心，妈妈的病才会好得快一些！"孩子坚定地点点头说："我一定不让妈妈担心。"

这一事例说明，辅导员对少先队员的一言一行，一举一动，要进行细致观察、认真分析，要主动询问，不能主观臆想。

三、动之以情，晓之以理

教师的爱心是成功教育的原动力。教育没有情感，如同池塘里没有水

一样，没有水，就不能成为池塘，没有爱，就没有教育。少先队员的世界观尚未形成，思想不定型，可塑性较强。辅导员应像慈母一样，用爱去感召他们，满腔热情地与他们交朋友，用温暖的心灵来医治队员的创伤，用精神的甘露来滋润和洗涤队员精神的污垢。一句表扬，一个微笑，一个信任的眼神，一个亲切的动作，对少先队员能产生的是多么大的教育力量！要心存爱心，无论用什么方式，要让队员感觉到你是爱他的。

我中队有一个学生，个子高大，原来总是在班级惹是生非，一会儿打这个，一会儿骂那个，不爱学习，家里父母也没少管教（打、骂），可他就是改不了，同学都不喜欢他，怕他。我通过一段时间的观察发现这个孩子表现欲很强，其实是想以这种方式引起别人的注意。于是我找他谈话，肯定他的优点，并亲切地告诉他打人骂人都是不对的，希望他改掉缺点，并让他担任体育委员试用两周，表现好就继续当。他高兴地和我拉钩保证当好体育委员。从此这个队员不再打骂别人，并承担了体育委员的所有职责，现在同学喜欢他，父母也说这孩子像变了一个人，现在乖多了。

“一把钥匙开一把锁”，我们工作要有针对性，用一定的语言艺术消除少先队员对老师的戒心，缩短师生间的距离，晓之以理、动之以情、持之以恒、才能导之以行，事半功倍。

总之，少先队工作是一项繁杂而艰巨的工作，任重而道远，我还将在今后的工作中不断学习，发扬“与时俱进”的精神，掌握和运用科学的理念，用艺术的方法，做出更大的成绩。

从细微之处培养学生行为习惯

文/张小菊

年龄尚幼的小学生正值行为习惯养成的关键时期，好习惯终生受益，作为学校教育者，在引导并培养小学生养成良好的行为习惯方面，肩负着重要的责任。

一、要求“低”一点

由于农村生活环境以及不少家庭不良生活习惯的影响，一段时间以来，校园里小学生乱扔垃圾的现象很严重，特别是中午期间，校门前后纸屑乱飞，垃圾遍地，严重影响了校园的环境整洁，破坏了校园的和谐氛围，让教师们很头痛。怎样纠正学生的这种不良行为，彻底改变校园脏乱差的状况。经过仔细分析其中原因，决定从小学生自身行为规范的塑造入手。学校大队部向全校学生发出了第一份“我爱我校，从我做起”的倡议书，希望每一位学生都能以校为家，共同签名郑重承诺：不在校内乱丢一片纸屑和垃圾。小小的要求，简单的签名，却许下了一个重重的诺言，同时我们注重每天打扫卫生，加强平时检查和监督，两周后校园环境有了很大的变化。一个月后学校大队部向同学们发出了第二份倡议书“弯弯腰”，要求学生看见纸屑、垃圾捡起它。此项活动自始至终培养着学生不乱丢乱扔的行为习惯，为净化校园环境奠定了良好的基础。

二、教育“实”一点

道德品质是人生精神层面上的东西，有时候很难把握。我们德育工作者常有这样的感受，多少次苦口婆心地教诲，对学生来说收获甚微。像爱祖国，爱党之类的大道理，对于生活在殷实家庭的中小学生来说，老师的语言总是显得苍白无力，诸如此类的疑惑和难以把握让老师感到尴尬。大队部开展的德育活动要走出这种“唱高调，不实际”的误区，一定要从实际生活入手，讲究教育实效。我们应该在教育中让孩子知道该怎样好好做人，好好学习，好好生活。并与生活实践联系起来，譬如开展“好孩子，做家务”的活动，用实际的行动取代高调的口号，让养成教育变得务实而有效。

三、评价“细”一点

行为习惯就是生活中的细处，养成好的习惯就是做好生活中、学习中的细小地方。农村小学因为近年来布局调整，学校合并后，学生的素质良莠不齐，学校大队为了便于学校日常规范管理和平时各班级对学生行为习惯的养成教育，制订了《学校一日常规》《小学生行为习惯养成细则》。在小学生良好习惯的培养上，应集中在学会做人、学会生活、学会学习、学会合作四个方面，并进一步将四大方面一一细化，如“文明礼仪”这一重点的训练要点有：①认真参加升旗仪式；②团结同学，不打架，不骂人；不说脏话；③尊敬教师，见到教师要主动问候；④尊敬长辈，学会照顾和感谢亲人；⑤会使用文明用语；⑥不在教室和走廊追逐打闹，积极参加活动，观看比赛或演出时文明有序等。每天学校蓝色小队(负责纪律礼仪检查)、绿色小队(负责卫生检查)、黄色小队(负责两操检查)、红色小队(负责文明监督)，四个小队的队干部，依据细则要求对全校各班级常规情况进行检查评比，鼓励各班争创“文明班级”。班主任则依据《细则》要求，加强了对班级的常规管理，促使小学生养成良好的行为习惯。

四、方法“活”一点

“贴近实际、贴近生活、贴近未成年人”是我们对小学生思想教育应该遵循的原则。一年级小学生刚从幼儿园步入小学，只有在良好行为习惯的保证下，学生才能学会认识、学会合作，学会做一名合格的小学生。平时站队做操时，学生会在班主任老师的引导下说：“我是守纪小标兵，站起队来快静齐……”这样把学生行为习惯养成的要求编成儿歌，符合小学生的心理特点，贴近学生的生活。有些低年级孩子上课不能专心听讲，老师给他们自编了一个童话，说一个上课爱做小动作的孩子与文具们的故事，小男孩上课玩弄爸爸给他买的新文具，老师讲的课他也听不进去，文具们不和他交朋友，最后小男孩克服上课开小差的坏习惯，做到上课专心听讲、积极动脑……事实证明，这些充满着童趣而又有教育意义的儿歌或童话，给我们德育教育带来了预期效果。如果我们能把适应未成年人成长特点和接受能力的、从他们思想实际和生活实际出发的事例，通过深入浅出的载体，用鲜活通俗的语言，生动典型的故事，喜闻乐见的形式，让学生参与其中，这样就更加具有吸引力和感染力，教育也就起到良好的效果。接下来的日子里课堂上孩子们的学习劲头更足，也总能看到他们端坐的身影。与其严肃地说上几十句“上课不要做小动作”的话，不如用愉快的心情和孩子们一起走进童话世界。

五、惩罚“加”一点

“没有处罚的教育是不完整的教育”。恰当地惩罚会使学生在内心深处深刻反省自己，达到“吃一堑，长一智”的效果。对于违反纪律的学生，我们如果熟视无睹，放任不管，就会影响到其他学生，他们可能认为自己的行为不是违反纪律，或认为即使违反了，老师也不会处理，久而久之，待你非处理不可时，再去批评惩罚，他们就极可能不接受你的处理。我校就有一个规定，如果学生在校园里乱扔纸屑或垃圾，被红色监督小队员发现，除了将该生行为通知到班级外，学校大队部还给他们加一点惩罚——当一天的“小义工”，如组织他们利用课余时间，巡察校园环境，及时捡起校园中杂物，或暂时行使红色监督小队员的职责，监督校园不文明现象等。其实学生不可避免会犯一些错误，关键是我们如何去正确处理，在正面教育引导的基础上，施以适当的并有针对性的惩罚措施，让学生为自己的行为负责，一定会起到良好的教育效果。

冰冻三尺非一日之寒，良好习惯的养成不是一日之功；纠正一个不良习惯更不是短时间能办到的事。好习惯只有在长期反复的教育中才能养成，只要我们坚持不懈，我们的学生一定会从细节开始，逐渐养成良好的行为习惯。

用心灵赢得心灵

文/傅琳婧

情感，是人们对客观事物与自己思想意识之间的关系所表现出的切身体验，它不仅在人们的心理活动中具有广泛的影响，而且在人们的认识活动中和实践活动中，尤其在班主任工作中，具有十分重要的作用。具体而言，情感在班主任工作中的作用主要体现在以下几个方面：

一、有利于增加班主任的个人威信

教育心理学认为，教育者的个人威信与教育效果呈现出较为明显的一致性。

融洽的师生关系是班主任在学生中建立威信的心理基础。班主任如果能爱护、关心、体贴学生，师生感情很融洽，学生就愿意说心里话，自觉地接受教育，班主任的威信就能迅速地在学生中树立起来，班主任的话学生就容易听进去，学生也会自觉地并创造性地去实现班主任所期望的要求。学生对有威信的班主任不仅能自觉地听其言，仿其行，而且还能领会班主任极其微妙的暗示，达到教育无痕的高境界。良好的班集体不是靠班主任的“威严”来维持，而是“威信”。

二、有利于培养学生健全的人格

作为人类灵魂的工程师，应当以自己良好的品德去影响下一代，充满爱心地对待每个学生，把他们看作是拥有独立人格的人。在教育实践中我深深体会到对于中学生来说，与老师的情感交流是非常重要的，只要老师关心学生、爱护学生，学生就能感受到这种温暖。同时，他们也会很自然地把这种爱迁移到对老师、对同学，甚至上升到对集体、对祖国的爱。

记得有一次在监考的过程中，一位学生感冒了，鼻涕就在鼻子里“打转”，他没带卫生纸加上考试带来的紧张，让他有些手足无措。发现这个现象后，我立刻从办公室里帮他拿来了卫生纸，我听到站在旁边的一个同学小声嘀咕着：“老师，好好哦。”我的一个不经意的动作，无意间传递了爱的信息。从这件事上，我又一次感到教师不仅仅是学生获得知识的导师，还是学生人生旅程上的引路人。教师的一言一行、教师的品德情操，都在潜移默化地影响着学生。

三、有利于提高教育的有效性

如果班主任在教育学生时，只晓理，不动情，干巴巴地说教，不仅枯燥乏味，而且学生听起来昏昏欲睡，毫无兴趣，甚至反感。这样的教育方法不可能获得理想的教育效果。那么，怎样才能取得好的教育效果呢？心理学研究认为，情感在教育学生的过程中具有很强的感染作用。

在融洽的师生情感中，学生自然会把班主任的批评看作是对自己的爱护，把班主任的表扬看作是对自己的鼓励。从而引起情感上的共鸣，自觉把道德要求和行为规范转化为自己的心理定势和良好的行为习惯。受大的环境的影响，我们学校基本都是外来务工人员的子女，这一类学生很多都存在着这样或者那样的问题。我在工作过程中也遇到过这样的情况，有一个学生，家庭环境一般，他自我控制的能力比较差，时常旷课，经常上网、离家出走，还与社会上的青年有来往等这些不良习惯，也导致他的学习成绩非常糟糕，长此下去，很有可能遭受学校处分，甚至有在校外做违法乱纪的事情的可能。在这种情况下，我多次找他谈话，深入了解他的想法，了解到他还是想将学习成绩提上去，想做一名好学生，也想过读高中甚至上大学。我从这几点入手，动之以情、晓之以理、导之以行。在学校里平时多注意提醒、安排一些同学监督他改掉不好的行为习惯，同时给他学习上提供相应的帮助。此外，与家长联系，让家长每天接送该孩子上学放学，不让他与网络和不良社会青年接触。这样坚持了一段时间后该学生取得了很大的进步。虽然，他的身上还存在着很多不好的习惯，但是至少让我们看到了他愿意改变的态度。

四、有利于加强班集体的凝聚力

有人说过，情感是形成凝聚力的“催化剂”。现在的中学生思维活跃，自我意识比较强。作为班主任我们应当尊重他们班级主人翁地位，为他们创造展示个性的舞台。比如，学校开展的诵读国学经典的朗诵比赛、运动会、“键盘节”比赛、“科技小制作”展览等各项活动，都由学生自己组织安排。结果同学们都积极参与，还提出许多建议，最后各项活动我们班都取得了比较可喜的成绩。的确，班主任只有对学生充满信任和爱，才能沟通师生之间的心灵，学生才会亲近班主任，从而在师生之间架起一座友谊的桥梁。唯有这样，学生才能和班主任推心置腹地谈思想、学习、生活，心才会往一处想，劲才会往一处使，从而形成一个具有很强凝聚力的班集体。

少先队活动的组织与设计

文/熊雪芝

教育的根本目的在于使受教育者得到全面的发展，除课本外，要为学生提供充分的实践活动时间和空间。少先队员正处于身心发展的时期，他们阅读少、好奇心强、好问、好动、好想，少先队活动是给孩子们展示自我的平台，正好满足他们心理、生理的需要。

一、开展“树身边典型”少先队活动，激发孩子学先进、争先进的强烈愿望，有利于培养其思想道德素质

首先，制造舆论气氛。在每间教室外，悬挂校园明星肖像，介绍先进事迹，让队员们走进校园，走出教室，就能了解身边的故事，运用广播站、电视台、校园报大力宣传明星事迹。

其次，开展每月之星评比活动。根据学校每月活动安排，定出相应的每月之星，如礼仪之星、智慧之星、健康之星等，每月评出后刊登在校园报上，让队员们在较短的时间实现自己的愿望，增强光荣感、自信心。

第三，开展争创特色章活动。大队部首先发出倡议，颁布具体实施细则，一学月学习特色章章程，二学月开展创章活动，三学月考章，四学月评章。到期终对获得特色章的同学进行表彰。

通过树身边的典型活动的开展，让孩子们深刻认识到怎样才能做一名名副其实的明星。

二、开展常规活动，让少先队员从自身的体验中促进自身素质的良好发展

人们常说："看到的记忆不深，听到的容易忘记，只有亲身体验才能刻骨铭心，终生难忘。"在常规工作中，每天的升、降国旗，每一次国旗下的讲话，每天的红领巾广播，晨会10分钟，每周一次班会活动，黑板报的更换，队干部的改选培养，轮流任职，常务干部与值周干部的结合，实施干部们对少先队员的文明行为进行监督量化打分，让队员成为主角，都能在各自的岗位上得到锻炼。

又如，看到校园内花坛卫生状况较差，让少先队员出点子，该以怎样的方式维护好花坛。大队部召集干部和少先队员代表开会，商议有效办法。于是，将花坛分为几个责任区，落实到各中队，由各中队安排花园维护员守护花园，同时制订《花园维护责任区管理要求》，大队干部轮流对各中队的花园维护情况进行不定期抽查。再如，让队员们上街宣传，当义务小交警、当城市美容师，新闻采风、献爱心，参加社会实践活动，把好人好事转化为良好的行为习惯。此类活动的开展，在实践中培养队员们的主人翁意识，增强社会责任感，体验工作的艰辛与快乐，同时，也培养了队员们学会沟通、学会遵守规则和秩序，学会与他人相处，学会和谐处理生活中各种矛盾和冲突的能力，各方面素质得到不同程度的提高。

三、少先队活动结合课题研究，强化学生综合素质

一个学校的科研工作不是为了搞而搞，而是要服务于教育教学工作，服务于少年儿童的健康成长，才有它真正存在的价值。少年儿童时期是一生的奠基时期，是培养行为习惯的最佳时期。

我校少先队活动紧密结合小学生诚实守信养成教育研究，一方面制订严密的研究计划，组建由校长、科研骨干、大中队辅导员老师共同组成的科研队伍，另一方面制订《诚信明星评比活动方案》，设计有学习、纪律、礼仪、卫生、艺术等方面的诚信明星，组织所有队员学习评比要求及评比办法，由队员本人制订出争当某诚信明星计划。开展以诚信为主题的教育活动如诚信大讨论、诚信故事会、演讲、诚信小报；组织队员们收看“3·15”晚会，进行大讨论、写观后感；设无人监考室，中队干部对本班的眼保健操进行打分；引导队员们创编诚信儿歌，将优秀的儿歌汇集起来作为学校的校本课程，让队员们从琅琅上口的诚信儿歌中不断完善自己的诚信行为，升华自己的品质。

总之，活动是少先队的生命，要使队员们学会做人，学会求知，学会劳动，学会生活，学会健体和学会审美，要让队员们“全体”、“全面”、“和谐”的发展，综合素质得到提高，这就要求我们少先队工作者静下心来用心挖掘，设计出有利于少年儿童健康成长的有效方法。

浅谈少先队辅导员的职业素养

文/付　婧

一、修身

“其身正，不令而行；其身不正，虽令不从”。少先队辅导员在教育孩子之前，应该先加强自身的修养，做好自我教育。“学高为师，身正为范”，我们大学时所接受的师范教育也正是这样要求的。

著名教育家斯宾塞说过：“在道德、意志和品质方面，孩子是极容易受到外部环境影响的，坏的影响毁掉一个孩子比好的影响造就一个孩子要容易得多。”孩子们在小学阶段，许多观念和行为习惯并未成形，需要对其加以正确的引导。因此，辅导员应该做到以身作则，用自己的言行去感染去影响围绕在我们身边的孩子们。作为一名教育工作者，我们期望孩子们成为什么样的人，那我们就要先努力成为那样的人。俗话说得好，“言传不如身教”，说比做容易，做给他们看要比只是说给他们听来得有效得多。

我刚接到现在任教的这个班时，班上许多同学以往养成的某些行为习惯很不好，因而这个班也属于全校最令人头疼的班级。现在，我和他们已经相处了一年。在这段时间里，当有同学帮了我的忙，我会微笑着说谢谢；当同学们离开学校时，我会说再见；孩子们哪怕只是有了一点点的进步，我都会大加赞赏……渐渐地，孩子们开始转变了，他们开始学会了礼貌用语，学会了关心别人，学会了感恩和珍惜他人的付出和劳动成果，他们正慢慢地成长着，进步着。

二、育人

每一个人表现出来的智力只占自身潜能的万分之一。绝大多数孩子并没有智力的高低之分，只存在智力特点的区别。“有教而无类”，教育之艺术性就在于，要使每一个孩子的潜能更多地发挥出来，使其享受到成功的喜悦。少先队辅导员需要做的，就是通过多种渠道了解每一个孩子，包括孩子的家庭情况、性格特点、兴趣爱好，从而找到最适合这类孩子的教育方式。孔圣人所指的“因材施教”，我想，就是先要从了解孩子的自身特点和情况出发，了解“材”的质地和特色，然后才能经过一番“雕琢”，施治以“教”，点燃其天赋的小火苗，引导其往最适合的方向去健康发展，让其顺应适宜自身发展的道路，并最终“雕琢成器”，成为对家庭对社会对国家有用之人。

三、方法

1. 从爱出发，用爱教育。“教育没有情感，如同池塘里没有水一样，没有水，就不能成为池塘，没有爱，就没有教育”。教师应该把学生看作目的而不是手段。这是罗素为正确的师生关系所定义的原则。他指出，一个理想教师的必备品质就是爱他的学生，而爱的可靠征兆就是具有博大的父母本能，如同父母感觉到自己爱孩子是目的一样，感觉到爱学生是目的。教育首先要源于爱。爱虽不是教育的全部，但却是教育的立足点和出发点。只有心中有爱的人，才会真正去耐心地用心地了解孩子，关心孩子。一个温暖的眼神，一句鼓励的话语，都能对他们起到积极的作用。回想我们的学生时代，那时的我们最期望得到的，不就是身边的同学和老师给予的关心和鼓励吗？一个肯定的眼神和一颗理解的心所能带给我们的力量，往往是超乎想象的。“亲其师，信其道”当孩子感受到这份爱时，他不但乐于学习，而且自己也会学着去爱别人，关心别人。只要在孩子的心中种下爱的种子，这种子就会生根发芽，并最终长成一棵茂盛的大树。爱是可以传递的，爱是生生不息的。融入了爱的教育对人产生的影响也是深远而巨大的。

2. 理性思考，用心沟通。我在2009年教过一个叫罗小英的女生，平时乖巧听话，勤奋好学。有一次她上学迟到了，我和她沟通，她什么也没说，只答应以后不再迟到。可后来接连两天她依然迟到，我当时很生气，可转念一想，会不会是因为孩子的家里发生什么事而引起的？于是，在那天的作文课上，我让同学们写写自己感受最深的事情，或者心事。这个女孩的作文交上来后，我才知道，她爸爸妈妈都外出打工了，家里的爷爷奶奶又已年迈，哥哥也不懂事，天天出去玩，她只好一个人挑起生活的重担。最近正值玉米收获的季节，她每天忙完农活和家务已是夜里12点了。毕竟是孩子，睡眠不足导致第二天早上累得起不来，才会迟到。看完作文，我非常心疼这个坚强的小姑娘，也庆幸自己没有乱发脾气。之后，我同她的家里人进行了沟通，并和她谈心，慢慢的，她灿烂的笑容又回到了脸上，并且再也没迟到过。

孩子们处在人生重要的成长阶段，总是需要身边的人的肯定，尤其是老师和长辈们的肯定。我们应该善于抓住他们身上的闪光点，对他们进行适时和恰当的鼓励与赞扬。但当孩子的言行出现问题时，首先不要发脾气教训，而要冷静理智地弄清事情发生的原因，再进行处理。因为我们的一言一行，都很可能对孩子的一生产生深远的影响。

3. 因势利导，水到渠成。教育不是简单的说教。即便是我们身边的一件小事，都可能成为教育的素材。孩子处在后天性格和人格发展的形成阶段，他们的可塑性强，容易受到感染。因此我们应该抓住这一特点，学会从我们周围的点滴小事对孩子进行积极正面的引导和教育。

比如当看了革命影片后，要激发学生的爱国主义热情，并学习革命先辈的坚强、勇敢等优良品质；当和别人产生矛盾时，要引导学生学着为别人着想，宽容大度；当成绩不理想时，要鼓励学生不惧困难，顽强拼搏；当他们歧视和欺负弱小时，要及时制止并教育他们尊重别人也是在尊重自己，平等待人也是为了别人今后能平等地看待自己……孩子的思想观念、行为习惯正是在这样一点一滴的细节教育中形成的，有句话说得好："细节决定成败。"

孔子曰："学然后知不足，教然后知困。"教学相长，我们必须不断加强学习，提高自身的职业素养，才能带给孩子们更多更好更积极更利于他们成长的影响。其实，每个孩子都是凡间的精灵，我们应先把他们都看作是好孩子，鼓励他们增强自信心，给予他们无条件的信赖，并坚持不懈地鼓励和暗示他们往积极的方面发展，他们才会成为心中充满爱和自信的好孩子。

作为一名教育工作者，少先队辅导员的工作任重而道远。因此，我们必须发扬“与时俱进”的精神，及时更新自己的知识结构，敢于创新，乐于分享，认真学习领会并吸纳更多新的优秀的教育理念，并将其应用于教学实践当中，帮助孩子们更加健康、快乐地成长。

中队经营之道

文/张龙琴

“以学生影响学生，以人感染人，严在当严处，爱在细微中，营造团结上进的班级氛围，激发每一位学生最大的潜能，成就一个优秀中队。”这是我所信奉的带队理念。中队就是一个整体，就是我的家。如何才能让我们的家迸发出光彩，让我们这个整体生机盎然呢？这就需要当家长的中队辅导员用心去经营，用爱去打造。

一、率先垂范，正人正己

教育家孔子说：“己所不欲，勿施于人。”作为班主任，更得严格要求自己，为学生树立榜样。每一位中队辅导员都希望自己班的学生特别能干，特别聪明，却忽略了我们辅导员自己身上有多少优点值得孩子学习呢？其实，孩子成为谁都不容易，而要成为与他朝夕相处的我们却非常容易。反之，千人千面，我们一个劲儿地想改变孩子们，却收效甚微。问题出在哪儿呢？假期里，一个朋友推荐我看了《弟子规》一书。这本书讲的是古时候对人的各方面的行为准则，是一个比较全面的规范的标准。我仔细阅读后，终于找到了原因。就一句话：中队辅导员理应率先垂范，己不正不能正人。于是，我决心好好地背下来，并对照自己的言行，努力使自己成为一个合格的中队辅导员，并用这些规矩影响学生。同时，学生们也明白了所有这些要求并不是辅导员凭空捏造，而是有章可循的，这也是中国几千年所传承下来的文化，学生心服口服。有了严整的“学容”，一个强大中队的诞生自然水到渠成。

二、以情换情，心心相印

作为中队辅导员，有了威严自然是好事，可如果借此凌驾于中队之上，却是大大的不明智。纵观历史，凡是靠暴力统治的君王无一不是悲惨的下场、凄凉的结局。要让我们的中队欣欣向荣，就得让学生们明白，我们是一个集体，你荣我荣，你耻我也耻，我们是紧密相连的一体。李商隐曾在《无题》诗中感慨道：“身无彩凤双飞翼，心有灵犀一点通。”我想中队辅导员与学生之间融洽的最高境界是否就是“心有灵犀一点通”呢。作为中队管理者，最基本的任务就是读懂学生的“心”，读懂了学生的心，就等于拿到了开启中队管理之门的钥匙。切忌只读学生这本书的“目录”。这就需要中队辅导员时时保持一颗童心，主动走到学生中去，多和他们畅所欲言地聊天，了解他们的真实想法，倾听他们的心声，关心他们的需求。我们只有走进了学生的心灵，才能更好地引领，才能让学生的心里有归属感，才能让学生认同中队就是他的家，中队的凝聚力也才会相应地提升。

三、活动激励，提升价值

一把名剑如果没有了锋利的剑刃，也等同于破铜烂铁。封闭自己，就很难激发学生的斗志。作为中队辅导员，应尽量为学生争取或创造一切展示自我的机会，提高中队声誉。学校每一年都有一些常规活动，如艺术节、国旗下表演、书画比赛、队会活动等。我们应尽量做到早准备，从而取得显著的成果，让别人投来羡慕的目光，促进学生上进。其次是尽力争取，例如有一次政府安排我们家去参加“和谐社区”的家庭剧比赛，通过我们努力争取后，把我中队的学生也安排了进去，最终取得了全区第二名的好成绩，受到了各届媒体的关注。这次活动不仅拉近了师生之间的距离，增长了大家的见识，同时也让孩子们备受激励，眼光放得更加远大。我没有就此止步。紧接着，我们班又再接再厉创造出了更多的辉煌，如3名学生参加了区级教师礼仪比赛获二等奖，30名学生参加了区级朗诵比赛获二等奖，2名学生参加了区级讲故事比赛获二等奖，24篇学生文章获国家级荣誉，3名学生参加省艺术人才大赛获奖等等。

四、收藏成果，享受快乐

人都是有感情的动物，日久生情。可天下没有不散的筵席，那些花儿开了，果实熟了，总有离开母亲怀抱的时候。时间会远去，爱却还在。为了不给孩子们和我留下遗憾，我努力地收藏好我们之间的爱，作为最后的礼物送给我的那些小可爱们。成果的珍藏，它记载着孩子们成长的轨迹，能让孩子们留下自己美好的童年，也留下一份念想，一份回忆，一颗爱的种子。在孩子们的成长中，我们用拍照、摄像或写文章等形式记下美好的瞬间，并把这些资料分门别类地珍藏起来。筹到一定的数量，我们就可以制成成果集小书、成果集视频，在公开课上、家长会上、毕业联欢会上放给大家看。当大家看到自己的身影时，就能回想起当时的点点滴滴，真是一份不错的享受。

总之，当中队辅导员虽然是一份漫长辛苦的工作，但却给我们带来了无穷的快乐。痛并快乐着——我们心甘情愿！

以特色创建，促中队成长

文/龚　琴

一个中队犹如一个婴儿，从出生到长大需要无数的心血去呵护去培育，但是，为什么我们经常会发现同一个年级当中，有的中队成长得比较迅速，中队和中队成员都在各个方面得到了很好的发展，而有的中队风气不正、凝聚力不强、队员发展较弱呢？除去现实的一些因素之外，其实还有很多值得我们去思考的地方。比如，如何加强中队自身建设就是最为重要的一个方面。

中队的自身建设是一个系统的工程，而开展特色中队的创建工作就是统领这一系统的关键。

那么，特色中队的创建究竟应该怎样开展呢？我认为，从创建的过程上来讲应当分为以下几个步骤：合理设定中队特色——围绕特色开展工作——提炼总结反思提升。中队要创建的特色不能是辅导员凭空构想，而必须发动全体队员包括任课教师集体思考讨论，引导他们围绕本班的实际情况共同设定。这样做，一是便于我们真正找准中队中的问题和努力方向，二是通过讨论激发队员和所有辅导员对创建活动的浓厚兴趣，产生参与创建活动的动力，因此，这样的过程是不可或缺，必须深入落实下去的。在确立好创建的特色之后，就应当围绕特色开展丰富多彩的创建活动，使队员在活动中得到锻炼，使特色在活动中更加鲜明。当创建活动开展到一定的阶段（一般为一年），则要及时地对所开展的工作进行全方位的总结和反思，在总结中将创建工作的有效做法进行提炼和归纳，并且通过认真地反思明确下一阶段工作的重难点和突破口，从而使创建工作形成螺旋上升的态势。

我所在的龙泉驿区实验小学2003年起就积极开展了特色中队创建活动，

在自己经历的创建过程中，我深刻地感受到：学校少先队大队在创建中所提出的“中队环境有特色、中队活动有特色、中队管理有特色、特色创建有成效”这四个方面既是特色中队创建工作的目标，更是创建工作的指南。只要紧紧围绕这四个方面开展工作，就会有效地促进中队的自身建设和发展。那么，现在就让我们看一看究竟应当怎样围绕这四个方面开展特色中队的创建：

一、文化浸润，让中队环境有特色

我们走进一个中队，第一眼看到的就是那些物化的、外在的东西，中队环境就是这样的最能体现中队特色、最容易让人一眼就明了中队文化氛围的物质成果。既然是要创建特色中队，那么中队环境就必须很明确地体现出中队奋斗目标、中队特色活动等内容。

班训和班规通常不要经常更换，可以一用就是一两年，这样便于我们工作的连续性。但在教室当中一定要有一个必须常换常新的板块，那就是中队特色展示栏。这个栏目是中队特色最集中的展示地，可以采用多种形式进行展示，可以是特色活动的体会感受、现场照片、小报、贺卡、书法、美术作品等，主要是围绕班的特色来进行挑选。这个栏目的更换要形成相应的制度，可以由中队的板报员每月一换，也可以半学期一换；更换时，应当注意形成系列化，比如这一次主要以活动感受和照片为主，下次以小报、书法为主，或者，每次都有一两个固定的内容，其余进行更改。在设计特色展示栏时，要注意给栏目取好名称，做到体现特色。而且，教室当中还应当根据本班的实际设计其他能展示中队特色的板块，比如符合特色中队创建活动的评比栏、图书角等，所有的栏目都应当在同一个特色下总体考虑。

在进行中队环境创设的时候，我们还应当考虑色调、板块形状、教室整体布局等，使整个教室显得整洁而富有美感。

总之，中队环境是整个中队生活的生动写照，是队员们在中队中健康成长的形象记录。

二、精心设计，让中队活动有特色

特色中队的创建更多的是要靠特色的活动来进行支撑，使队员在丰富多彩的活动中得到发展。那么，在特色活动的组织中，我认为通常需要遵循以下几个原则：

1. 特色活动要小要实。活动的小和实是我们在少先队工作中经常提及的，但是，特色中队的创建当中应当尤其注意这个问题，因为特色创建周期通常是一年，只有创建不成功或者创建成功后继续创建该特色时才会是两年甚至三年时间，所以，有的辅导员就显得比较急，总希望一个活动就可以让队员得到很多的收获。其实，越是这样我们越要清醒，少先队工作不是一蹴而就的，我们必须要从小处着眼，围绕特色开展适合队员的小活动。比如，围绕“文明”这样的特色，可以开展学会微笑、学会打招呼这样的有实效的小活动，先制订出详细的活动要求和步骤，通过一段时间的开展把这一个活动的目标达成后，再开展下一项活动。

2. 特色活动要形成序列。特色中队的创建是一个较长时间的过程，我们在开展活动时还要考虑活动的序列性，使特色中队的创建成为一个连续的工作，让队员在系列化的活动中不断地收获和巩固，最终达成特色中队的目标。仍然以“文明”这个特色为例，我们可以制订一个活动安排表：9月——学会打招呼（向同学、辅导员、家长），10月——学会有礼貌地回答问题（课上），11月——学会有礼貌地与人交流（课下），12月——与别人发生矛盾怎么办，1月——帮帮我的好朋友，3月——我也来做小雷锋，4月——文明儿歌朗诵会，5月——中队有我，6月——我身边的文明花（创建活动小结）。这样的安排表可以让我们每月有计划有步骤地开展一个特色活动，帮助我们把活动逐步引向深入，增强活动的效益。

三、自主高效，让中队管理有特色

进行有效的中队管理是让一个中队风气正、中队良好发展最主要的工作。而中队的常规管理必须要在辅导员的引导下逐步自主，才能产生高效，成为自动化，进而让中队辅导员从繁杂的、重复的常规工作中摆脱出来，有更多的时间思考中队的发展和日常教学。那么，这就要注意中队中小干部的培养和管理体制的形成。通常，很多中队辅导员会从起始年级开始就选拔和培养合适的小干部，但却容易忽视管理制度的形成。要知道，小干部要时常轮换才容易保持工作的积极性，而有效的管理制度才能保证无论是谁轮换到这个岗位，都能按照管理制度及时有效地行使职责，使中队管理在任何情况下，都能自主高效地开展。

特色中队的创建活动中还要根据特色安排一些特殊的中队管理岗位，如：文明监督岗、中队保洁员等等。同时，在每个中队当中，始终都会有几个让辅导员费神的队员，或许精力过分旺盛，或许无视中队规章，在这种情况下，就应当借特色中队的创建活动安排一些合理的岗位，让这些调皮的孩子有事情可干，让他们在为中队服务的过程中，帮助他人更管理好自己。比如，电器管理员、图书管理员等，都可以因人设岗。

四、重在积累，让特色创建有成效

特色中队的创建时间通常为一年或者几年，只要扎实地开展创建工作所取得的成绩也会比较多，但有的辅导员在工作了很长一段时间之后，往往说不清自己做了什么。所以，特色创建工作一定要注意平时的积累。每一次活动的计划小结，活动过程中的照片文字、队员作品，活动后的体会文章、家长反馈、奖状证书等都应当在平时进行收集整理，并且按相互间的关系汇编成册，千万不要等到需要上交材料时才去临时补充，那样是没有意义的。同时，在创建到一个阶段，要注意进行总结，引导全体队员共同回顾前面所做的工作和取得的成绩，帮助队员看清自己在特色中队创建过程中的发展和不足，以利于下一阶段工作的开展。

我们常说，中队是组成校园的细胞，动脑筋打造出中队特色，校园就会精彩纷呈。的确，每一个中队有了特色，校园文化建设当然也就有了特色。辅导员们，让我们用敏锐的目光去发现中队新的生长点，用持之以恒的行动去引导中队强化自身建设，朝着自己的特色发展，为红领巾事业增添新的光彩。

附录五 少先队分年级工作内容

（面向6周岁到14周岁的少年儿童）

一、一年级

提示：

1. 基本目标：让少年儿童了解少先队，加入到少先队。

2. 主要工作：入队前教育，发展新队员。

3. 需要关注的问题：从家庭（幼儿园）到学校的角色变化对儿童心理的影响。

4. 要把全国和当地少先队组织开展的主题教育活动贯穿到本年级的工作任务中。在完成好基本任务的基础上，还可以根据实际情况开展特色活动，增设特色奖章。

工作内容	工作与活动建议	激励方式
一、入队前教育 1.帮助儿童了解队章，初步掌握队的知识。 2.按照队章的要求，引导儿童“入队前要为人民做一件好事”。	1.组织高年级少先队中队与一年级班级结成友谊班队，聘请小辅导员，举行结对仪式；引导高年级队员与一年级同学结成手拉手的好朋友，帮助一年级同学入队；上队前教育课，观摩队会、参观队室等。 2.引导少年儿童为他人、为集体做一件好事。	“准备入队章”获章标准 1.上队前教育课，知道少先队的队名、队旗、队徽、红领巾、队礼的含义，队的领导者和队的作风。 2.会写入队申请书，会读入队誓词，会戴红领巾，会行队礼，会唱队歌，会呼号。 3.做一件好事，并说出自己的体会。
二、发展新队员 1.让适龄儿童都加入少先队。 2.把新队员编入组织中，开始过少先队组织生活。	1.组织和举行入队仪式。 2.组建少先队中、小队，选举中、小队干部；聘请中队辅导员，校外志愿辅导员，举行聘请仪式；倡导建立少先队员“成长记录袋”。	戴上红领巾。
三、关注问题 从家庭（幼儿园）到学校的角色变化对儿童心理的影响。	指导队员开展喜欢校园、喜欢老师和同学、欢乐学习、分享和谦让等主题活动，适应校园环境和学习生活。	“好朋友章”获章标准 1.能说出身边同学的优点。 2.喜欢与同学交往。 3.诚实守信，答应别人的事情要努力做到。 4.能和同学友好相处，不吵架，不骂人，不讥笑、不欺负同学。 5.能主动地帮助同学。

二、二年级

提示：

1.基本目标：了解队的创业者和领导者是中国共产党，增强少先队员的光荣感。

2.主要工作：进行党旗、团旗、队旗的教育。培养自己的事情自己做的能力。

3.需要关注的问题：队员在集体中的人际交往和学习的初步差异对队员心理的影响。

4.要把全国和当地少先队组织开展的主题教育活动贯穿到本年级的工作任务中。在完成好基本任务的基础上，还可以根据实际情况开展特色活动，增设特色奖章。

工作内容	工作与活动建议	激励方式
一、了解少先队的组织 1.帮助新队员了解少先队历史，进行党旗、团旗、队旗的教育。 2.健全少先队员组织。	1.参观少先队队史展览，讲少先队历史故事，观看相关影视片。 2.指导少先队员自己建立中、小队，选举队干部；学习自主地开展小队活动；学习建设简易的教育小阵地，建立“队角”和黑板报。	

二、培养队员自理能力	开展自理技能训练；举行整理生活、学习用品比赛；交流学习计划和安排等。	“自理章”获章标准 1.自己的事情自己做，衣物用品和学习用具自己整理。 2.自己的学习自己管，不迟到、不早退、不逃学、按时作息。 3.自己的责任自己尽，功课自己做，值日自己搞。
三、养成文明好习惯	开展基本礼仪的训练；举行整理生活、学习用品比赛；交流学习计划和安排等。	“文明章”获章标准 1.知道基本礼节（握手、敬礼等）。 2.会正确使用基本的文明用语（您好、请、对不起、没关系、谢谢、再见）。 3.遵守基本的文明规范，不随地吐痰，不乱扔垃圾，不大声喧哗。
四、关注问题 1.队员在集体中的人际交往。 2.学习的初步差异对队员心理的影响。	1.指导队员关心和帮助其他同学，分享交往的乐趣。 2.培养队员学习兴趣，指导队员快乐学习。	

三、三年级

提示：

1.基本目标：让队员通过“手拉手”活动，结识不同区域、民族的小伙伴，了解祖国大家庭，体验互相帮助的快乐。

2.主要工作：开展“手拉手”活动，开展自护能力的培养。

3.需要关注的问题：队员从儿童期向少年期的心理转变。

4.要把全国和当地少先队组织开展的主题教育活动贯穿到本年级的工作任务中。在完成好基本任务的基础上，还可以根据实际情况开展特色活动，增设特色奖章。

工作内容	工作与活动建议	激励方式
一、开展“手拉手”活动 1.让每一个队员都有一个“手拉手”的小伙伴。 2.帮助队员找到与小伙伴经常联系的方式。	1.通过建立“手拉手”联谊大队、联谊中队以及辅导员之间手拉手，保证少先队员“手拉手”活动的开展。 2.运用书信、电话、网络、走访等多种形式进行交友。	“手拉手章”获章标准 1.有一个“手拉手”好朋友。 2.与“手拉手”好朋友通信交流。 3.帮“手拉手”好朋友解决一个困难。 4.学习“手拉手”好朋友的一个优点。
二、开展自护能力的培养 1.指导队员学习和掌握交通法规。 2.指导队员掌握自我防护的基本知识与技能。	1.学习交通法规，熟悉交通标志；参加“中国少年儿童平安行”等活动。 2、认识危险标志；进行报警、求助、自护等方式的训练。	“自护章”获章标准 1.遵守交通法规，不攀越护栏、不闯红灯，过马路走人行横道线。 2.认识危险标志，远离危险区。 3.知道110、119、120等常用报警电话和求救方式。 4.知道煤气中毒、触电、雷击、烫伤、创伤等的预防和救护方法。

三、增强少先队员的组织意识 1.明确大、中、小队干部的职责，尝试分工合作。 2.学会自己组织召开队会，了解队会的一般程序。	1.举办“队长”学校。 2.进行中队活动评比等。	“文明章”获章标准 1.知道基本礼节（握手、敬礼等）。 2.会正确使用基本的文明用语（您好、请、对不起、没关系、谢谢、再见等）。 3.遵守基本的文明规范，不随地吐痰，不乱扔垃圾，不大声喧哗。
四、关注问题 队员从儿童期向少年期的心理转变。	指导队员正确地评价和适应中年级的学习生活，体验克服困难的快乐，学习倾听和理解，学习合作与交往，提高注意力。	

四、四年级

提示：

1.基本目标：通过少先队组织的小岗位，帮助队员学习过民主生活，增强责任感。

2.主要工作：广泛设立少先队小岗位。开展科技活动。

3.需要关注的问题：队员的学习方式和人际交往能力的发展。

4.要把全国和当地少先队组织开展的主题教育活动贯穿到本年级的工作任务中。在完成好基本任务的基础上，还可以根据实际情况开展特色活动，增设特色奖章。

工作内容	工作与活动建议	激励方式
一、学过民主生活 做到“人人有岗位，个个是主人”。	广泛设立少先队小岗位；帮助队员选择、创设和争取适合自己的一个小岗位，了解岗位的意义和职责；坚持岗位服务，体验为集体、为他人服务的快乐。	“岗位责任章”获章标准 1.有一个为集体服务的小岗位。 2.尽自己的能力在岗位上为集体、为他人服务。 3.有集体荣誉感，学会分工合作。 4.分享为集体、为他人服务的快乐。
二、增强组织活力 1.指导队员自主创建红领巾小社团。 2.指导队员参与创建宣传阵地。	1.指导队员根据各自的兴趣，建立科技、文艺、体育等多种类型的小社团。 2.指导队员自己办黑板报、橱窗、网站，参与红领巾广播站、电视台等活动。	
三、培养队员科技素养 在少年儿童中弘扬求真务实、开拓创新的科学精神，培养科学的思维和习惯。	1. 开展“少年科学院”等科技活动。举办探求性、研究性的学习和竞赛活动，举办讲解科学理念、介绍科技成果的讲座和论坛，参观科技展览、科研机构，走访科技工作者。 2. 根据本地区的实际情况，开展种植、养殖、气象、天文、地理等科技活动，并获得相应的科技类奖章（自设特色奖章）。	“科技章”获章标准 1.主动学习科学常识。 2.有一个科技爱好。 3.积极参加“少年科学院”等科技社团活动。 4.能用科技知识解决日常生活中的一个小问题。

四、关注问题 队员的学习方式和人际交往能力的发展。	指导队员学习与朋友倾诉，学习尊重与关心异性队员，进行形象思维练习，体验集体荣誉感。	

五、五年级

提示：

1.基本目标：在队员中开展民族精神教育，弘扬和培育民族精神。

2.主要工作：继续深化“手拉手”活动。开展环保活动和少年军校的活动。

3.需要关注的问题：学习成绩和生活事件对队员心理的影响。

4.要把全国和当地少先队组织开展的主题教育活动贯穿到本年级的工作任务中。在完成好基本任务的基础上，还可以根据实际情况开展特色活动，增设特色奖章。

工作内容	工作与活动建议	激励方式
一、弘扬和培育民族精神	1. 开展“民族精神代代传”活动，通过寻找人物、事件和做一件事，体会民族精神的丰富内涵，感受民族精神的伟大力量。 2. 开展团结统一、爱好和平、勤劳勇敢、自强不息的教育活动，并设置相应的雏鹰奖章。 3. 深化“手拉手”活动。经常和“手拉手”小伙伴交流，还可以结识一个不同类型的新伙伴。	“民族精神章”获章标准 1.能从具体人物身上体会民族精神。 2.能从具体的事件中体会民族精神。 3.做一件体现民族精神的事。

二、增强环保意识	参加“手拉手”地球村的活动；参加“保护母亲河”的活动。	“环保章”获章标准 1.能说出环境与人类的关系。 2.了解当地环境污染的状况，提一条治理小建议。 3.参加一次分类回收活动。 4.坚持开展节约一滴水、一度电、一张纸、一粒米等活动。
三、增强国防观念	组织开展“少年军校”活动。	“国防章”获章标准 1.知道解放军的历史，认识军旗，会唱军歌。 2.能说出几个我军历史上的著名战役或战斗英雄的故事。 3.积极参加少年军（警）校活动。 4.参加一次拥军优属的活动。
四、关注问题	学习成绩和生活事件对队员心理的影响。 指导队员学习交流，学会情绪控制，培养耐挫品质。开展“当一日老师（父母）”等体验活动。指导队员学习多角度地认识生活，应对挫折，学会和父母交流学习与生活的体验，尊重和帮助异性队员，分析与排解消极情绪。	

六、六年级

提示：

1.基本目标：开展理想教育，引导和帮助少先队员树立远大志向。

2.主要工作：回顾总结小学阶段的少先队生活。开展社会实践活动。

3.需要关注的问题：队员小学毕业阶段的学习心理负担。

4.要把全国和当地少先队组织开展的主题教育活动贯穿到本年级的工作任务中。在完成好基本任务的基础上，还可以根据实际情况开展特色活动，增设特色奖章。

工作内容	工作与活动建议	激励方式
一、树立理想，确立志向	1. 开展“什么是理想、应该树立什么样的理想、怎样实现理想”的主题教育活动。 2. 举行“我的理想”交流会。	
二、增强社会实践能力	1. 初步掌握社会考察方法，开展研究性学习活动，参与社会考察实践活动。 2. 组织开展“红领巾小记者”、“小记者考察团”等活动； 3. 开展远足、环保考察等活动。 4. 到敬老院、福利院等场所开展公益服务活动等。	“社会考察章”获章标准： 1.说出一到两种社会考察方法及其作用。 2.参加中、小队组织的社会考察活动。 3.合作完成一篇社会考察报告，并与他人交流分享。

三、培养创新能力	1. 组织队员参加“红领巾创新节”等活动。 2. 激发队员的创新欲望，掌握一些创新方法，积极开展创新实践活动。 3. 参加少年儿童科技奖、青少年科技创新奖等评选活动。	“创新章”获章标准 1.能从不同的角度提出解决问题的方案。 2.提出5个以上的奇思妙想或科学幻想。 3.改进一件日常用品，要有明显的实际效果。 4.参与一项小课题研究活动，完成一篇小课题报告。
四、准备转入初中少先队 珍视小学阶段的少先队生活，体验红领巾给成长带来的快乐。	开展“雏鹰争章”等少先队活动成果展示。	奖授雏鹰奖章银章 对于获取了小学阶段全部雏鹰奖章的队员，奖授一枚雏鹰奖章银章。
五、关注问题 队员小学毕业阶段的学习心理负担。	指导队员分析评价自己的学习，学会自我减压，帮助队员并向其他队员学习等；指导队员学会选择和对自己的选择负责，做合格的小学毕业生。	

七、七年级

提示：

1.基本目标：引导队员“迈好中学第一步”，准备加入共青团。

2.主要工作：做好中小学少先队工作的衔接，进行团的基础知识教育。

3.需要关注的问题：新环境对队员的心理影响和进入青春期的心理变

化。

4.要把全国和当地少先队组织开展的主题教育活动贯穿到本年级的工作任务中。在完成好基本任务的基础上，还可以根据实际情况开展特色活动，增设特色奖章。

工作内容	工作与活动建议	激励方式
一、做好中、小学少先队工作衔接 1.迈好中学第一步，争做合格中学生。 2.健全队组织。 3.建立、健全教育阵地。	1.举行“迎接初一新队员仪式”；开展“迈好中学第一步，争做合格中学生”主题教育活动。 2.组建中队、大队委员会；指导少先队中队与高年级团支部建立团队联谊；开展“团队携手共育新人”的活动。 3.建立“少年网站”、团队活动室以及各种实践基地。	
二、接受共青团基础知识教育，开始进行“推优入团”工作	1. 组织队员参加“少年团校”学习，创建“共青团知识角”等；进行团的基础知识教育。 2. 推荐优秀少先队员作为共青团的发展对象；协助共青团组织建立团小组、联合团支部。	

三、增强服务意识	继续开展“手拉手”活动；建立“红领巾服务队”，开展社区服务等活动。	“服务章”获章标准 1.有一个“手拉手”好朋友，互助互学。 2.有一个为集体、为同学服务的岗位。 3.坚持参加志愿者服务活动，每年不少于20小时。
四、关注问题 1.新环境对队员的心理影响。 2.队员进入青春期的心理变化。	1.指导队员适应新环境，学会设计自己的学习和有计划行动，学会全面评价自己。 2.开展青春期知识讲座与知识竞赛等活动；提高队员辨别是非能力，学会正确交友。	“青春期知识章”获章标准 1.说出自己的身体构造和发生的变化。 2.掌握一些青春期自我保健方法。 3.参加一次“青春红丝带”、远离毒品等宣传活动。 4.抵制不健康书籍、报刊、影视等的影响。 5.学会与异性队员正常交往。

八、八年级

提示：

1.基本目标：做好少先队与共青团的衔接，积极争取加入共青团。

2.主要工作：进行少先队员离队工作。开展“推优入团”工作。

3.需要关注的问题：队员的学习分化现象和青春期的心理变化。

4.要把全国和当地少先队组织开展的主题教育活动贯穿到本年级的工作

任务中。在完成好基本任务的基础上，还可以根据实际情况开展特色活动，增设特色奖章。

工作内容	工作与活动建议	激励方式
一.进行少先队与共青团的衔接 1.“迈好青春第一步，争做优秀少先队员”。 2.做好离队教育工作。	1.开展“迈好青春第一步，争做优秀少先队员”的主题教育活动；走访优秀共青团员。 2.举行“14岁集体生日庆典”；完善“少先队员成长记录袋”；举行“离队仪式”。	颁发“离队证书”，珍藏红领巾。
二、做好“推优入团”的工作 1.普及团的知识教育。 2.加大“推优入团”的力度。 3.协助团组织做好骨干的培训工作。 4.协助团组织做好团支部的建立工作。	1.组织少先队员参加“少年团校”的学习。 2.继续做好推荐优秀少先队员入团的发展对象工作，帮助积极分子入团。 3.组织骨干参加“少年团校”培训。	

三、增强法律意识 学习法律知识，学会运用法律自我保护。	举办法律知识讲座；开展“模拟法庭”等活动；旁听“少年法庭”。	“法律知识章”获章标准 1.说出我国的重要法律和法规。 2.了解《中华人民共和国未成年人保护法》的主要内容，学会运用有关条文维护自己的合法权益。 3.能运用自己所了解的法律知识，评述一个案例。 4.参加一次法律宣传活动。
四、培养信息素养 学会运用多种媒体，获取有益信息。	举办电脑知识竞赛；开展“绿色上网”等活动。	“信息章”获章标准 1.说出现代信息技术对人类世界的影响。 2.能通过网络有目的地搜集有益信息。 3.文明上网，遵守《全国青少年网络文明公约》。 4.制作一个个人网页或一件多媒体作品。
五、珍惜少先队生活	结合离队教育，全面展示少先队教育成果。	奖授雏鹰奖章金章 对于获取了小学和初中阶段全部雏鹰奖章基础奖的队员，奖授一枚雏鹰奖章金章。

六、关注问题 队员的学习分化现象和青春期的心理变化。	1. 指导队员举办“成长营”、“素质拓展营”等活动。 2. 帮助队员进行正确的自我评价，独立面对和解决学习与生活中的问题，摆脱对家长和老师的心理依赖，培养积极情感。	

（来源：《少先队辅导员工作纲要》（试行））

参考文献

（1）全国少工委主编《少先队辅导员工作纲要》（试行） 中国少年儿童出版社 2005年

（2）《灌输培养少年儿童对党和社会主义祖国的朴素感情工作读本》（辅导员试用版） 全国少工委办公室

（3）《关于广泛开展“红领巾相约中国梦”活动的通知》 全国少工委

（4）全国少工委编《少先队抓基层抓落实工作指南》 中国青年出版社 2007年

（5）《党的十八大精神学习解读提纲》（少先队辅导员指南版） 四川省少工委

（6）《四川省少先队辅导员培训资料汇编》 四川省少先队工作者培训中心

（7）陆仕桢主编《少先队辅导员基础理论与实务》 新蕾出版社 2011年

（8）俞永一《新编少先队辅导员工作指南》新蕾出版社 2009年

（9）冯炼 郭雪莲 俞永一《少先队文化建设指导》 西南交通大学出版社 2006年

（10）北京市少工委《为了孩子们的全面发展》 红旗出版社 2007年

（11）吴建明《少年儿童教育与少先队工作》 大众文艺出版社 2011年

（12）刘绪主编《经营班级》 四川教育出版社 2007年

（13）杜殿坤 编译《给教师的建议》 教育科学出版社 1984年

（14）张小春《少先队辅导艺术》 大众文艺出版社 2009年

（15）江苏省少工委《我爱红领巾》 中国广播电视出版社 2009年

（16）张春晖主编《新编少先队工作实用手册》 北京燕山出版社 2011年

（17）李战云《如何让孩子亲近你》《河南日报》2007年10月25日

（18）翟金德 《怎样与学生交流》 中国教师研修网 2008年4月7日

后 记

四川文艺出版社编辑出版的“校园文化系列丛书”因为针对性和实用性较强，受到了青少年读者的喜爱。《校园辅导员宝典》一书，是继《校园黑板报实用手册》《校园小设计师实用手册》《校园小小全才宝典》《校园礼仪宝典》《校园演讲宝典》《校园课本剧宝典》《校园小记者宝典》《校园主题队会宝典》《校园小主持人宝典》和《校园书法宝典》后，专门为少先队辅导员、少先队工作者和少先队员编写的一本教育教学类实用指导图书，是中小学教育教学类实用读物。

少先队辅导员是少先队员的亲密朋友和指导者，是哺育少年儿童茁壮成长的辛勤园丁，他们燃烧激情，用童心、爱心、责任心和事业心，将神圣而崇高的理想之灯在少先队员的心中点亮，为祖国的未来默默地奉献着青春和智慧，是值得全社会尊敬的人。《校园辅导员宝典》一书紧紧围绕新的历史条件下少先队组织的根本任务，指导少先队辅导员创造性地开展工作，引导少年儿童逐步树立正确的世界观、人生观、价值观，永远热爱我们伟大的祖国，永远热爱我们伟大的人民，永远热爱我们伟大的中华民族。本书力争寻找时代感更强的事例、更生动的儿童语言、更活泼的教育引导方法、更鲜活的时尚元素，希望能更好地满足师生们的需要。

《校园辅导员宝典》一书的主编金文是四川省少先队工作委员会专家、《四川共青团》杂志主编、四川省少先队队刊《少年时代》杂志主编；副主编史鑫成是四川省少先队总辅导员，曾担任小学校长、小学高级教师。两人均是从事青少年教育工作20多年、与红领巾事业相伴多年的少先队工作者。两位专家搜集了大量的第一手资料，参考了国内少先队工作理论研究方面的新成果、新观点，力求本书具有科学性、权威性、新颖性和实用性的特点。

为了向读者提供学习与借鉴的相关文章，编者选用了一些已在报刊、网络上发表的文章的有关段落，在此特予说明，并请版权人同编者联系，电子邮箱：jinwen6869@yahoo.com.cn。

《校园辅导员宝典》一书是在共青团四川省委、四川省少工委和新华文轩传媒有限公司等单位的大力支持下组织编撰的。在编写本书的过程中，成都市草堂小学、成都市沙湾路小学、成都市人民北路小学华侨城校区、成都市东光实验小学、四川音乐学院附属实验小学、成都市龙泉驿区实验小学、成都市龙泉驿区第二十九小学、内江市第二小学、内江市中区朝阳镇中心校、眉山市东坡小学、乐山师范学校附属小学、乐山外国语小学、遂宁市城南小学、遂宁市高升实验小学、雅安市雨城区第六小学、雅安市荥经县胡长保小学、甘孜州泸定县杵坭小学、宜宾市人民路小学、宜宾市忠孝街小学、宜宾市六中、宜宾市十二中附属第二小学、宜宾市大运实验学校、宜宾市翠屏区凉水井中学以及旧州小学、金坪镇中心校、西郊中心校、凉姜中心校、宗场中心校天星校区、赵场中心校和赵场中心校古叙校区的辅导员老师们提供了许多优秀的少先队队课教材和论文，在此表示感谢。此外，编者还得到了四川文艺出版社朱兰等编辑的大力支持，谨向他们致以诚挚的敬意和谢意。

编　者

2013年2月